데이터분석, GUI, 웹 개발까지

도전! Python Applications

노기섭 지음

도서출판 홍릉

데이터분석, GUI, 웹 개발까지

도전! Python Applications

인　쇄 : 2024년 10월 2일 초판 1쇄
발　행 : 2024년 10월 7일 초판 1쇄

저　자 : 노기섭
발행인 : 송 준
발행처 : 도서출판 홍릉
주　소 : 01093 서울시 강북구 인수봉로 50길 10
등　록 : 1976년 10월 21일 제5-66호

전　화 : 02-999-2274~5, 903-7037
팩　스 : 02-905-6729
e-mail : hongpub@hongpub.co.kr
http://www.hongpub.co.kr
ISBN : 979-11-5600-231-4(93000)

정　가 : 20,000원

서문(Preface)

파이썬은 강력하고 다재다능한 프로그래밍 언어로, 데이터 분석, 웹 개발, 자동화, 인공지능 등 다양한 분야에서 널리 사용됩니다. 이 한 학기 커리큘럼은 학생들이 파이썬의 응용 프로그램을 통해 실제 문제를 해결하고, 실무에 필요한 기술을 습득할 수 있도록 구성되었습니다. 우리는 각 주제별로 이론 강의와 실습을 병행하며, 프로젝트 기반 학습을 통해 파이썬의 다양한 응용 분야를 체험하고 학습할 것입니다.

1. 목표

주로 다루게 될 분야는 다음과 같습니다.

- 파이썬을 사용한 데이터 분석 및 시각화 능력 배양
- GUI 애플리케이션 개발 능력 습득
- 파이썬을 이용한 간단한 게임 구현
- 인터넷과 파이썬
- `requests` 모듈을 사용한 웹 데이터 수집 및 분석 기술
- Flask 프레임워크를 이용한 웹 서버 구축

이 교재는 파이썬을 활용한 데이터 분석 및 시각화, GUI 애플리케이션 개발, HTTP 요청 및 API 사용, 그리고 웹 애플리케이션 개발에 이르기까지 다양한 주제를 포괄적으로 다루고 있습니다. 각 섹션은 이론과 실습을 병행하여 진행되며, 실제 프로젝트를 통해 실무 능력을 배양하는 것을 목표로 합니다.

2. 데이터 분석 기초

`Pandas`를 사용하여 데이터를 처리하고 분석하는 방법을 배웁니다. CSV 및 TSV 파일을 로드하고 기본적인 통계 분석을 수행하며, 데이터를 정제하고 전처리하는 과정을 다룹니다.

3. 데이터 시각화

대표적인 파이썬 시각화 도구인 `Matplotlib`과 `Seaborn`을 소개합니다. 우리는 `Matplotlib`을 사용하여 데이터를 시각화하는 기술을 익힙니다. 히스토그램, 산점도, 상자 그림 등을 그리는 방법을 배우며, 실제 데이터를 사용하여 분석 및 시각화 프로젝트를 진행합니다.

4. GUI 애플리케이션 개발

Tkinter를 사용하여 GUI 애플리케이션을 개발하는 방법을 배웁니다. 기본적인 GUI 애플리케이션 제작부터 시작하여 여러 윈도우, 이벤트 처리 및 다양한 위젯을 사용하는 고급 기능을 익힙니다. 간단한 계산기 애플리케이션과 메모장 애플리케이션을 만들어보며, 최종적으로는 실습 프로젝트를 통해 완성도 높은 GUI 애플리케이션을 제작합니다.

5. requests 모듈 사용

`requests` 모듈을 사용하여 HTTP 요청을 보내고 응답을 처리하는 방법을 배웁니다. GET 및 POST 요청을 이해하고, 외부 API를 사용하여 데이터를 가져오는 방법을 익힙니다.

6. 간단한 게임 만들기

파이썬 기본 내장 모듈인 Tkinter 패키지를 이용하여 게임을 만듭니다. 가장 기본적 단계로 숫자 맞추기 GUI 게임을 만듭니다. 기초 지식을 바탕으로 슈팅 게임을 순차적으로 구축합니다. 최종적으로 완성된 게임을 실행파일로 패키징하여 배포하는 실습을 진행합니다.

7. 인터넷과 파이썬

서버-클라이언트 구조에 대하여 학습하고, 인터넷의 기본 구조인 `Request`와 `Response` 구조에 대해 살펴봅니다. 파이썬 `requests` 모듈을 활용하여 API 서비스 이용방법을 실습을 통해 알아봅니다.

8. 웹 서버 만들기

마지막 섹션에서는 `Flask` 프레임워크를 사용하여 웹 애플리케이션을 개발하는 방법을 배웁니다. `Flask`의 기본 설정과 라우팅 방법을 배우고, Jinja2 템플릿과 SQLite 데이터베이스를 사용하여 간단한 웹 애플리케이션을 제작합니다.

위 커리큘럼을 통해 독자는 다양한 파이썬 응용 프로그램을 경험하며 실력을 쌓을 수 있습니다. 각 챕터마다 이론과 실습을 병행하여 진행하므로 실제 프로젝트를 통해 실무 능력을 배양할 수 있습니다.

파이썬의 다양한 활용 방법을 배우고, 실전 프로젝트를 통해 프로그래밍 능력을 향상시키고자 하는 모든 분들에게 이 커리큘럼을 추천합니다.

저자소개

노기섭 교수

Fig i. 안녕하세요, 노기섭 교수입니다 ^^.

이 책의 저자인 노기섭 교수는 청주대학교 인공지능학과의 교수로 재직 중이며, 인공지능 및 컴퓨터 과학 분야에서 풍부한 경험과 깊은 지식을 보유하고 있습니다.

저자는 공군사관학교에서 산업공학 학사 학위를, University of Colorado Denver에서 Computer Science 석사 학위를, 서울대학교에서 컴퓨터공학 박사 학위를 받았습니다.

대한민국 공군에서 첨단 항공컴퓨터 무기체계를 관리하는 군수장교로 근무하였으며, 방위사업청에서 항공 소프트웨어 획득을 위한 프로젝트 매니저로도 근무하였습니다. 이후 모교인 공군사관학교 전산정보학과에서 후배들을 위한 강의를 하기도 했습니다.

인공지능, 머신 러닝, 데이터 과학 및 컴퓨터 비전 분야에서 다수의 연구 논문과 저서를 출판하였습니다. 저자는 다음 주제에 관심을 가지고 지속적으로 연구하고 있습니다:

- 인공지능 및 머신 러닝 알고리즘 데이터 과학 및 빅 데이터 분석 자연어 처리 및 음성 인식 컴퓨터 비전 및 이미지 처리 공정 자동화 및 이상 탐지
- 의료 빅데이터 처리 및 분석

현재 교육자로서 학생들에게 최신 기술과 트렌드를 전달하는 데 열정을 가지고 실무와 이론을 결합한 교육 방식을 통해 학생들이 실제 문제를 해결하는 능력을 배양하도록 노력하고 있습니다.

또한, 다양한 학회 및 컨퍼런스에서 활발히 활동하고 있으며, 컴퓨터 기술 커뮤니티에서 역할을 하고 있습니다. 저자의 지식과 경험은 많은 학생들과 전문가들에게 영감을 주고 있으며, 특히 온라인 강의는 시청자들에게 좋은 평가를 받고 있습니다.

Fig ii. 저자가 꿈꾸는 세상^^.

저자는 여가 시간에는 음악을 즐기며, 특히 드럼 연주에 열정을 가지고 있습니다. 저자는 음악이 창의성과 에너지를 유지하는 데 큰 도움이 된다고 믿고 있습니다. 또한 다양한 분야의 융합적 활동을 즐깁니다.

자세한 내용은 저자 홈페이지를 방문하여 보다 많은 정보를 확인하기 바랍니다. 저자는 틈틈히 인공지능 관련 동영상을 유튜브에 올리고 있습니다. 저자의 동영상 강의가 궁금하다면 유튜브 소프트웨어 꼰대 강의를 방문해 보세요.

궁금한 사항이나 오류를 발견하면 kafa46@gmail.com으로 연락 바랍니다. 저자는 이 책을 통해 깊은 지식과 실용적인 경험을 독자들과 공유하고자 합니다.

차 례

제 4 장 간단한 게임만들기

제 5 장 인터넷과 파이썬

제 6 장 웹 서버 만들기

제 7 장 정답(Solutions)

제 1 장

데이터 분석

인공지능(AI)와 데이터 분석

인공지능(AI)에서 데이터 분석은 매우 중요한 역할을 합니다. 데이터 분석은 AI 모델을 개발하고 성능을 최적화하는 데 필수적인 과정으로, 여러 단계에서 그 중요성이 두드러집니다.

먼저, 데이터 준비 단계에서 데이터 분석은 중요한 역할을 합니다. 데이터 수집, 정제, 변환 과정에서 데이터 분석은 필수적입니다. 다양한 출처에서 데이터를 수집하고, 불완전하거나 부정확한 데이터를 정제하며, 모델이 데이터를 효과적으로 학습할 수 있도록 적절한 형식으로 변환하는 모든 과정에서 데이터 분석은 핵심적입니다.

데이터를 이해하는 과정에서도 데이터 분석은 필수적입니다. 탐색적 데이터 분석(EDA)을 통해 데이터를 시각화하고 기본 통계를 분석하여 데이터의 분포, 패턴, 이상치를 이해하는 것이 중요합니다. 이를 통해 데이터에 대한 깊은 이해를 바탕으로 유용한 특징을 생성하고, 모델의 성능을 향상시킬 수 있습니다.

Fig. 1.1 데이터 분석은 인공지능에 있어서 매우 중요한 요소입니다.

모델을 훈련하고 평가하는 과정에서도 데이터 분석은 중요한 역할을 합니다. 데이터를 훈련용과 평가용으로 나누어 모델의 일반화 성능을 평가 하고, 다양한 모델을 비교 분석하여 최적의 모델을 선택하는 데 데이터 분석이 필요합니다. 또한, 성능 지표를 사용하여 모델을 평가하고, 필요한 경우 개선하는 과정에서도 데이터 분석이 필수적입니다.

데이터 분석의 중요성은 정확한 예측을 가능하게 하고, 모델 성능을 향상시키며, 다양한 문제를 해결하는 데 크게 기여합니다. 정제되고 정확한 데이터는 모델의 예측 정확도를 높이는 데 필수적이며, 중요한 특징을 선택하고 불필요한 특징을 제거하여 모델의 성능을 최적화할 수 있습니다. 또한, 하이퍼파라미터 튜닝과 모델 검증 과정을 통해 최적의 모델 성능을 달성할 수 있습니다.

특히, 이상치 탐지와 데이터 불균형 해결 같은 문제 해결 과정에서도 데이터 분석은 중요한 역할을 합니다. 데이터 분석을 통해 이상치를 탐지하고 처리하여 모델의 신뢰성을 높이고, 클래스 불균형 문제를 해결하여 모델의 공정성과 성능을 개선할 수 있습니다.

실제 사례를 통해 데이터 분석의 중요성을 더욱 잘 이해할 수 있습니다. 예를 들어, 의료 진단 분야에서는 데이터 분석을 통해 환자의 진단 데이터를 분석하고 중요한 특징을 식별하여 진단 모델의 성능을 향상시킬 수 있습니다. 금융사기 탐지 분야에서는 이상치 탐지 기법을 사용하여 거래 데이터에서 의심스러운 활동을 식별하고, 실시간 분석을 통해 사기 거래를 신속하게 탐지하고 차단할 수 있습니다. 고객 이탈 예측 분야에서는 탐색적 데이터 분석을 통해 고객의 행동 데이터를 분석하고 이탈 가능성이 높은 고객을 예측하여 예방 전략을 수립할 수 있습니다.

이처럼 데이터 분석은 인공지능의 성공적인 구현에 있어 필수적인 요소입니다. 데이터의 품질을 높이고, 중요한 특징을 식별하며, 모델의 성능을 최적화하는 과정에서 데이터 분석의 중요성은 아무리 강조해도 지나치지 않습니다. 데이터 분석을 통해 AI 모델이 정확하고 신뢰할 수 있는 예측을 수행하며, 다양한 문제를 효과적으로 해결할 수 있습니다.

데이터 분석을 위한 프로그래밍 언어

데이터 분석에 널리 사용되는 Python, MATLAB, 그리고 R은 각각 독특한 특징과 강점을 가지고 있어 다양한 데이터 분석 작업에 적합합니다. 이 세 가지 언어는 각기 다른 강점을 가지고 있어, 특정 데이터 분석 작업에 따라 적절한 언어를 선택하여 사용할 수 있습니다. Python은 일반적인 데이터 처리와 머신러닝에 강점이 있고, MATLAB은 수치 계산과 공학적 문제 해결에, R은 통계 분석과 시각화에 최적화되어 있습니다.

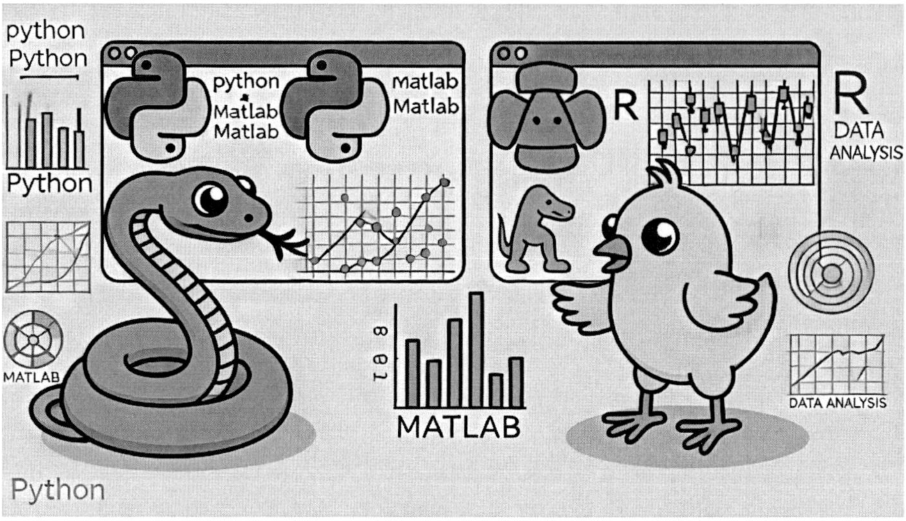

Fig. 1.2 Python, Matlab, R 언어는 데이터 분석에 사용되는 대표적인 언어입니다.

우리는 **Python을 이용하여 데이터 분석**하는 방법에 대하여 공부할 것입니다.

다음은 각 언어의 주요 특징에 대한 설명입니다.

Python

Python은 데이터 분석에 매우 인기 있는 언어로, 그 이유는 사용하기 쉬우면서도 강력한 라이브러리와 도구를 제공하기 때문입니다. `Pandas`, `NumPy`, `Matplotlib`, `Seaborn`, `Scikit-learn` 등의 라이브러리는 데이터 조작, 시각화, 머신러닝 등 다양한 작업을 쉽게 수행할 수 있게 해줍니다. Python은 다음과 같은 주요 특징을 가지고 있습니다:

- **다양한 라이브러리 지원**: Pandas를 사용하면 데이터 프레임을 통해 데이터를 효율적으로 조작하고 분석할 수 있으며, `NumPy`는 수치 계산 을 빠르게 수행할 수 있게 도와줍니다. `Matplotlib`과 `Seaborn`은 복잡한 데이터를 시각적으로 표현하는 데 매우 유용합니다.
  - **유연성과 확장성**: Python은 다양한 데이터 소스를 처리할 수 있으며, 필요에 따라 기능을 쉽게 확장할 수 있습니다. 또한, Scikit-learn과 같은 라이브러리를 통해 머신러닝 모델을 구축하고 평가할 수 있습니다.
- **커뮤니티와 리소스**: Python은 방대한 온라인 커뮤니티와 풍부한 학습 자료를 제공하여, 초보자도 쉽게 배울 수 있습니다.

MATLAB

MATLAB은 주로 수치 계산과 데이터 시각화에 특화된 프로그래밍 언어로, 공학 및 과학 연구 분야에서 널리 사용됩니다. MATLAB의 주요 특징은 다음과 같습니다:

- **고급 수치 계산**: MATLAB은 복잡한 수학적 연산을 효율적으로 처리할 수 있으며, 선형 대수, 통계 분석, 최적화 등에 강력한 기능을 제공합니다. 이는 특히 공학 문제 해결에 매우 유용합니다.
- **데이터 시각화**: MATLAB은 고품질의 그래프와 플롯을 생성할 수 있는 강력한 시각화 도구를 제공하여, 데이터를 시각적으로 쉽게 분석할 수 있습니다.
- **툴박스 지원**: 특정 분야의 작업을 지원하는 다양한 툴박스가 있어, 필요에 따라 기능을 확장하여 사용할 수 있습니다. 예를 들어, 이미지 처리, 신호 처리, 금융 분석 등을 위한 툴박스를 제공합니다.

R

R은 통계 분석과 데이터 시각화에 최적화된 언어로, 통계학자와 데이터 과학자들 사이에서 널리 사용됩니다. R의 주요 특징은 다음과 같습니다:

- **광범위한 패키지**: R은 통계 분석, 시각화, 데이터 조작 등을 위한 다양한 패키지를 제공합니다. `ggplot2`는 고급 시각화 기능을 제공하며, `dplyr`은 데이터 조작을 간편하게 해줍니다.
- **강력한 시각화**: R은 복잡한 데이터를 시각적으로 표현할 수 있는 강력한 시각화 도구를 제공하여, 데이터를 쉽게 이해할 수 있습니다.
- **통계 모델링**: R은 선형 회귀, 로지스틱 회귀, 시계열 분석 등 다양한 통계 모델을 쉽게 구축하고 분석할 수 있습니다. 이는 특히 통계 분석과 그래픽 표현에 강점을 가지고 있습니다.

1.1 데이터 처리 with Pandas

1.1.1 Pandas 소개

Pandas는 Python에서 데이터 조작 및 분석을 위한 강력하고 유연한 오픈 소스 라이브러리입니다. 데이터 프레임(data frame)이라는 구조를 사용하여 테이블 형식의 데이터를 쉽게 처리할 수 있도록 도와줍니다. 데이터 로드, 조작, 집계, 시각화 등 다양한 기능을 제공하며, 특히 데이터 분석 작업에 널리 사용됩니다.

Pandas의 주요 기능

- **데이터 조작**: 행과 열을 추가하거나 삭제하고, 데이터를 필터링, 정렬, 그룹화할 수 있습니다.
- **데이터 변환**: 데이터 타입 변환, 결측치 처리, 데이터 병합 등의 기능을 제공합니다.
- **데이터 분석**: 기본 통계, 피벗 테이블, 시계열 분석 등을 수행할 수 있습니다.
- **데이터 시각화**: Matplotlib과 통합되어 데이터를 시각화할 수 있습니다.

Pandas 공식 웹사이트는 pandas.pydata.org입니다. 이 사이트에서는 pandas 라이브러리의 다양한 기능, 설치 방법, 사용자 가이드, API 참조 문서 등을 제공하며, 최신 릴리스 정보와 커뮤니티 지원도 받을 수 있습니다. Pandas를 처음 접하는 사용자부터 고급 사용자까지 모두에게 유용한 자료들이 준비되어 있습니다.

1.1.2 Pandas 설치

가상 환경 생성 (선택 사항)

가상 환경을 사용하면 프로젝트별로 독립적인 패키지 환경을 유지할 수 있습니다.

```
# 가상 환경 생성
python -m venv myenv

# 가상 환경 활성화 (Windows)
myenv\\Scripts\\activate

# 가상 환경 활성화 (Mac/Linux)
source myenv/bin/activate
```

설치 및 확인

pip를 사용하여 Pandas를 쉽게 설치할 수 있습니다.

```
# Pandas 설치
pip install pandas
```

정상적으로 설치되었는지 확인은 다음과 같이 하면 됩니다.

```
import pandas as pd

# Pandas 버전 확인
print(pd.__version__)
```

위 코드를 실행했을 때 pandas의 버전이 출력되면 정상적으로 설치된 것입니다.

1.1.3 Pandas 구성 요소

Pandas는 Python에서 데이터 조작 및 분석을 위한 강력한 도구로, 주로 데이터프레임(DataFrame)과 시리즈(Series)라는 두 가지 주요 구성 요소를 사용합니다. 이 두 가지는 Pandas의 핵심 구조로, 데이터를 효율적으로 처리하고 분석하는 데 사용됩니다.

데이터프레임은 2차원 테이블 형식의 데이터를, 시리즈는 1차원 배열 형식의 데이터를 표현하며, 이 두 가지를 활용하여 다양한 데이터 분석 작업을 수행할 수 있습니다.

1.1.4 시리즈(Series)

시리즈는 1차원 배열과 유사한 데이터 구조로, 데이터프레임의 열을 구성하는 기본 단위입니다. 시리즈는 인덱스를 가지며, 인덱스를 통해 데이터에 접근할 수 있습니다.

시리즈 생성

시리즈를 생성하는 방법은 여러 가지가 있습니다. 예를 들어, 리스트를 사용하여 시리즈를 생성할 수 있습니다.

```
import pandas as pd

# 리스트를 사용하여 시리즈 생성
data = [10, 20, 30, 40, 50]
s = pd.Series(data)

# 시리즈 출력
print(s)
```

시리즈 주요 기능

- 데이터 선택: 인덱스를 사용하여 특정 값을 선택
- 데이터 필터링: 조건에 맞는 데이터를 필터링
- 데이터 연산: 시리즈 간의 연산을 수행

```
# 특정 값 선택
value = s[2]

# 조건에 맞는 데이터 필터링
filtered = s[s > 20]

# 시리즈 간의 연산
s2 = pd.Series([1, 2, 3, 4, 5])
result = s + s2
```

1.1.5 데이터프레임(DataFrame)

데이터프레임은 행과 열로 구성된 2차원 데이터 구조로, 엑셀 스프레드시트나 SQL 테이블과 유사합니다. 각 열은 시리즈(Series) 객체로 구성되며, 데이터프레임은 다양한 데이터 타입을 포함할 수 있습니다.

데이터프레임 생성

데이터프레임을 생성하는 방법은 여러 가지가 있습니다. 예를 들어, 딕셔너리를 사용하여 데이터프레임을 생성할 수 있습니다.

```python
import pandas as pd

# 딕셔너리를 사용하여 데이터프레임 생성
data = {
    'Name': ['John', 'Anna', 'Peter', 'Linda'],
    'Age': [28, 24, 35, 32],
    'City': ['New York', 'Paris', 'Berlin', 'London']
}
df = pd.DataFrame(data)

# 데이터프레임 출력
print(df)
```

데이터프레임 주요 기능

- 데이터 선택: 특정 열이나 행을 선택
- 데이터 필터링: 조건에 맞는 데이터를 필터링
- 데이터 정렬: 특정 열을 기준으로 데이터를 정렬
- 데이터 그룹화: 데이터를 그룹화하고 집계

```python
# 특정 열 선택
names = df['Name']

# 조건에 맞는 데이터 필터링
adults = df[df['Age'] > 30]

# 데이터 정렬
sorted_df = df.sort_values(by='Age')

# 데이터 그룹화 및 집계
grouped = df.groupby('City').mean()
```

Pandas는 데이터 분석 프로그래머를 위해 수많은 API를 제공하고 있습니다. 모든 API를 암기해서 사용하는 것은 불가능합니다. 필요할 때마다 Pandas 공식 홈페이지의 API reference를 검색하여 필요한 기능을 이용하는 것이 좋습니다.

1.2 기본 데이터 분석

컴퓨터가 관리하는 데이터는 CSV 또는 TSV 형태로 관리되는 경우가 많습니다. CSV와 TSV는 모두 데이터를 저장하고 교환하는 데 매우 유용한 형식입니다. CSV는 더 많이 사용되지만, 필드(실제 데이터 자체)에 콤마가 포함된 경우 TSV가 더 유리할 수 있습니다. 적절한 데이터 저장 형식을 선택하는 것은 데이터의 특성과 사용 목적에 따라 달라집니다.

1.2.1 CSV (Comma-Separated Values)

CSV 파일은 콤마(,)로 구분된 데이터를 저장하는 파일 형식입니다. 각 줄은 데이터 레코드를 나타내며, 각 레코드는 쉼표로 구분된 필드(열)로 구성됩니다. CSV 파일은 간단하고 널리 사용되며, 다양한 프로그램에서 지원됩니다.

특징

- **구분자** : 콤마(,)
- **사용 사례** : 스프레드시트 프로그램(예: MS Excel, Google Sheets), DBMS, 데이터 분석 도구 등
- **장점**: 간단한 구조, 다양한 애플리케이션에서 쉽게 사용 가능
- **단점** : 데이터에 콤마가 포함될 경우 이스케이프(제거 또는 다른 문자로 치환) 처리가 필요
- 데이터 예시

```
Name,Age,City
John,28,New York
Anna,24,Paris
Peter,35,Berlin
Linda,32,London
```

1.2.2 TSV (Tab-Separated Values)

TSV 파일은 탭(tab) 문자로 구분된 데이터를 저장하는 파일 형식입니다. CSV와 유사하게, 각 줄은 데이터 레코드를 나타내며, 각 레코드는 탭 문자 (\t)로 구분된 필드로 구성됩니다. TSV 파일은 특히 텍스트 편집기와 스프레드시트 프로그램에서 쉽게 읽을 수 있습니다.

특징

- **구분자** : 탭 문자(\t)
- **사용 사례** : 스프레드시트 프로그램, DBMS, 데이터 분석 도구 등
- **장점** : 필드 값에 콤마가 포함되어도 문제가 되지 않음, 구분자가 명확하여 가독성 높음
- **단점** : CSV에 비해 덜 일반적이며, 일부 애플리케이션에서는 기본 지원이 안되는 경우도 있음
- 데이터 예시

```
Name    Age    City
John    28     New York
Anna    24     Paris
Peter   35     Berlin
Linda   32     London
```

1.2.3 파일 데이터 불러오기

파일을 읽어오려면 pandas의 read_csv() 메서드를 사용하면 됩니다. 파일에서 데이터를 읽어오면 데이터 프레임으로 리턴합니다.

자세한 사용법은 pandas.read_csv를 참고하면 됩니다.

read_csv() 메서드 파라미터는 2개만 신경쓰면 됩니다.

```
import pandas as pd

pd.read_csv('filepath_or_buffer', sep=',')
```

- 'filepath_or_buffer': 파일 이름입니다. 만약 파일 내용이 메인 메모리에 적재되고 변수로 관리되고 있다면 변수 이름을 입력하면 됩니다.
- sep는 구분자를 의미합니다. 기본값은 콤마(,) 입니다. 아무것도 입력하지 않으면 콤마를 기준으로 데이터 열을 구분합니다. CSV 파일은 콤 마로 구분되기 때문에 별도로 입력할 필요가 없습니다. TSV 파일은 탭으로 구분하기 때문에 sep='\t'라고 입력해 주어야 합니다.

• 두 개의 파일을 준비합니다: data.csv와 data.tsv

  data.csv 다운로드 → click me

  data.tsv 다운로드 → click me

```
import pandas as pd

# CSV 파일을 읽어 데이터 프레임으로 변환
df = pd.read_csv('data.tsv', sep=',') # sep=',' 생략 가능

# TSV 파일을 읽어 데이터 프레임으로 변환
df = pd.read_csv('data.tsv', sep='\t')

# 데이터 프레임 출력
print(df.head())
```

1.2.4 데이터 분석

1.2.4.1 데이터 탐색

데이터의 기본 정보를 확인하고, 통계 요약을 출력하기

```
# 데이터 프레임의 정보 출력
print(df.info())

# 데이터 프레임의 통계 요약 출력
print(df.describe())

# 첫 n개 데이터만 보기
print(pd.head(5)) # 첫 5줄만 보기

# 마지막 n개 데이터만 보기
print(pd.tail(7)) # 마지막 7줄만 보기
```

1.2.4.2 데이터 선택 및 필터링

특정 열을 선택하고, 조건에 맞는 데이터를 필터링합니다.

```
# 특정 열 선택
names = df['Name']
print(names)

# 조건에 맞는 데이터 필터링 (예: Age가 30보다 큰 경우)
adults = df[df['Age'] > 30]
print(adults)
```

1.2.4.3 데이터 정렬

특정 열을 기준으로 데이터를 정렬합니다.

```
# Age 열을 기준으로 데이터 정렬
sorted_df = df.sort_values(by='Age')
print(sorted_df)
```

1.2.4.4 데이터 그룹화 및 집계

특정 열을 기준으로 데이터를 그룹화하고, 집계 연산을 수행합니다.

```
# Country 열을 기준으로 데이터 그룹화 후 평균값 계산
grouped = df.groupby('Country').mean()
print(grouped)
```

1.2.4.5 데이터 합치기(병합)

`pandas.merge()` 메서드를 이용하면 서로 다른 데이터 테이블을 합칠 수 있습니다.

자세한 내용은 pandas.merge()를 참고하세요.

데이터 프레임(데이터베이스의 경우 DB Table)을 병합하는 방법은 다양합니다. 대표적으로는 `merge()`, `join()`, `concatenate()` 등이 있습니다.

그림을 이용한 간단한 설명은 여기를 클릭하면 확인할 수 있습니다. 우리는 `merge()` 메서드를 활용하여 2개 데이터 테이블을 합치는 실습을 간단하게 해 보겠습니다.

아래 코드는 2개의 데이터 프레임을 EmployeeID라는 컬럼명(column name) 기준으로 병합하는 코드입니다. 실습파일을 다운로드하여 현재 디렉토리에 복사합니다.

- employees.csv: 다운로드
- sales.tsv: 다운로드

```
import pandas as pd
import matplotlib.pyplot as plt

# 1. 데이터 로드
employees = pd.read_csv('employees.csv')
sales = pd.read_csv('sales.tsv', sep='\t')

# 2. 데이터 탐색
print(employees.head())
print(sales.head())
print(employees.info())
print(sales.info())

# 3. 데이터 병합
merged_data = pd.merge(employees, sales, on='EmployeeID')
print(merged_data.head())
```

1.2.4.6 데이터 시각화

Matplotlib과 통합하여 데이터를 시각화할 수 있습니다.

```
import matplotlib.pyplot as plt

# Age 열의 히스토그램 그리기
df['Age'].hist()
plt.xlabel('Age')
plt.ylabel('Frequency')
plt.title('Age Distribution')
plt.show()
```

1.2.4.7 전체 예제 코드

아래는 위의 모든 단계를 포함한 전체 예제 코드입니다.

```
import pandas as pd
import matplotlib.pyplot as plt

# 1. TSV 파일을 읽어 데이터 프레임으로 변환
df = pd.read_csv('data.tsv', sep='\t')
print(df.head())

# 2. 데이터 탐색
print(df.info())
print(df.describe())

# 3. 데이터 선택 및 필터링
names = df['Name']
print(names)
adults = df[df['Age'] > 30]
print(adults)

# 4. 데이터 정렬
sorted_df = df.sort_values(by='Age')
print(sorted_df)

# 5. 데이터 그룹화 및 집계
grouped = df.groupby('Country').mean()
print(grouped)

# 6. 데이터 시각화
df['Age'].hist()
plt.xlabel('Age')
plt.ylabel('Frequency')
plt.title('Age Distribution')
plt.show()
```

1.3 도전 프로젝트

이 프로젝트의 목표는 CSV와 TSV 파일을 다루는 데 필요한 기본적인 데이터 조작 및 분석 기술을 배우는 것입니다. Pandas 라이브러리를 사용하여 데이터를 로드하고, 정제하고, 분석하며, 시각화하는 과정을 통해 실습해 봅니다.

여러분은 프로젝트를 통해 CSV와 TSV 파일을 다루는 기본적인 데이터 조작 및 분석 기술을 익힐 수 있습니다. 참고 코드 없이 프로젝트에 도전해 보세요^^.

직접 고민하고 검색하는 과정에서 많은 것을 배울 수 있습니다! 너무 어렵다면 참고 코드 여기를 클릭해 주세요.

1.3.1 데이터 파일 준비

두 개의 파일을 준비합니다: `employees.csv`와 `sales.tsv`.

- `employees.csv` 다운로드 → click me
- `sales.tsv` 다운로드 → click me

`employees.csv` 파일에는 직원들의 정보가 포함되어 있습니다.
`sales.tsv` 파일에는 직원별 판매 실적 데이터가 포함되어 있습니다.

employees.csv 파일 구조

EmployeeID	Name	Age	Department	JobTitle	Country
1	John	28	Sales	Salesman	USA
2	Anna	24	Marketing	Marketer	UK
3	Peter	35	IT	Developer	Germany
4	Linda	32	HR	HR Manager	Canada
5	James	22	Sales	Salesman	USA

sales.tsv 파일 구조

EmployeeID	Month	SalesAmount
1	Jan	5000
2	Jan	3000
3	Jan	7000
4	Jan	2000
5	Jan	4500
1	Feb	5500
2	Feb	3200
3	Feb	7200
4	Feb	2100
5	Feb	4700

1.3.2 데이터 탐색

- Pandas를 사용하여 `employees.csv` 파일과 `sales.tsv` 파일을 각각 읽어 데이터 프레임으로 변환합니다.
- 각 데이터 프레임의 첫 몇 줄을 출력하여 데이터를 확인합니다.
- 각 데이터 프레임의 기본 정보(`describe()` 메서드 활용)를 출력합니다.

1.3.3 데이터 병합

- `EmployeeID` 열을 기준으로 두 데이터 프레임을 병합하여 하나의 데이터 프레임으로 만듭니다.
- 병합된 데이터 프레임의 첫 몇 줄을 출력하여 데이터를 확인합니다.

1.3.4 데이터 분석

- 각 부서(`Department`)별 평균 연령을 계산하여 출력합니다.
- 각 직업(`JobTitle`)별 평균 판매 금액을 계산하여 출력합니다.
- 국가(`Country`)별 총 판매 금액을 계산하여 출력합니다.

1.3.5 데이터 시각화

- 월별 총 판매 금액의 변화를 시각화하는 선 그래프를 그립니다.
- 부서별 평균 연령을 시각화하는 막대 그래프를 그립니다.
- 국가별 총 판매 금액을 시각화하는 원형 그래프를 그립니다.

1.3.6 결과 보고서 작성

- 데이터 로드, 병합, 분석 및 시각화 과정을 포함하는 보고서(파워포인트, .pptx)를 작성합니다.
- 데이터 파일 준비 단계를 설명하는 슬라이드, 데이터 로드 및 탐색을 설명하는 슬라이드, → … → …
- 보고서에는 각 단계의 코드와 결과가 포함되어야 합니다.
- 시각화된 그래프도 보고서에 포함합니다.
- 작성한 결과 보고서를 교수님이 요청하는 형태(과제 시스템 업로드, 이메일 제출 등)에 따라 제출합니다.

제 2 장

데이터 시각화

데이터 시각화의 소개

데이터 시각화는 데이터를 그래프나 차트와 같은 시각적 형태로 변환하여 분석 및 해석하는 과정을 말합니다. 데이터 시각화는 방대한 데이터를 시각적으로 표현함으로써 복잡한 정보를 직관적으로 이해할 수 있도록 도와줍니다. 시각화 도구를 사용하면 데이터의 패턴, 추세, 상관관계 및 이상값을 쉽게 식별할 수 있습니다.

데이터 시각화는 여러 형태로 나타낼 수 있으며, 대표적인 형태로는 막대 그래프, 선 그래프, 히스토그램, 산점도, 파이 차트, 히트맵 등이 있습니다. 이러한 시각적 표현은 데이터를 탐색하고 분석하는 데 중요한 역할을 하며, 다양한 산업 분야에서 광범위하게 사용됩니다.

Fig. 2.1 AI, 빅데이터에서 시각화 과정은 피해갈 수 없습니다.

데이터 시각화의 중요성

1. 데이터 이해력 향상

데이터 시각화는 복잡한 데이터를 시각적 형태로 변환하여 이해하기 쉽게 만듭니다. 그래프나 차트를 사용하면 데이터의 전반적인 추세와 패턴을 한눈에 파악할 수 있어 데이터의 의미를 빠르게 이해할 수 있습니다. 이는 특히 데이터 분석과 의사결정 과정에서 중요한 역할을 합니다.

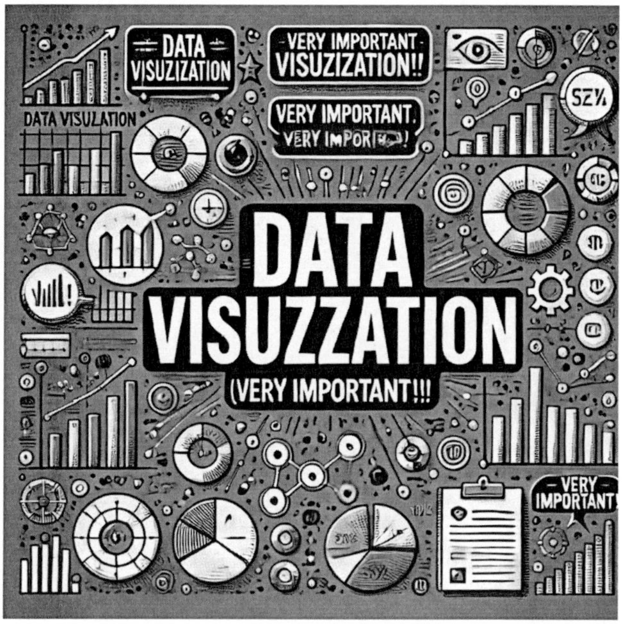

Fig. 2.2 데이터 시각화는 매우 중요한 과정입니다.

2. 패턴과 추세 식별

데이터 시각화는 데이터 내의 패턴과 추세를 식별하는 데 매우 유용합니다. 예를 들어, 시간에 따른 매출 변화를 선그래프로 표현하면 매출 증가나 감소 추세를 쉽게 파악할 수 있습니다. 이러한 정보는 경영 전략을 수립하고 미래를 예측하는 데 중요한 근거가 됩니다.

3. 이상값 및 오류 탐지

시각화를 통해 데이터의 이상값이나 오류를 식별할 수 있습니다. 산점도나 히스토그램을 사용하면 데이터 분포를 시각적으로 확인할 수 있어, 특정 데이터 포인트가 다른 데이터와 현저히 다르거나 잘못된 값을 가질 경우 이를 쉽게 발견할 수 있습니다.

4. 의사소통 도구로서의 역할

데이터 시각화는 복잡한 데이터를 시각적 형태로 변환하여 비전문가도 쉽게 이해할 수 있도록 돕습니다. 이는 팀 내에서의 협업이나, 데이터에 기반한 의사결정을 지원하는 보고서 작성, 프레젠테이션 등에서 중요한 역할을 합니다. 시각적 자료를 통해 데이터의 주요 인사이트를 효과적으로 전달할 수 있습니다.

5. 데이터 기반 의사결정 지원

데이터 시각화는 데이터에 기반한 의사결정을 지원합니다. 다양한 데이터 시각화 기법을 통해 데이터를 분석하고, 이를 바탕으로 중요한 비즈니스 결정을 내릴 수 있습니다. 예를 들어, 고객의 구매 패턴을 분석하여 마케팅 전략을 수립하거나, 생산 효율성을 높이기 위한 운영 전략을 결정할 때 유용합니다.

데이터 시각화와 인공지능의 관계

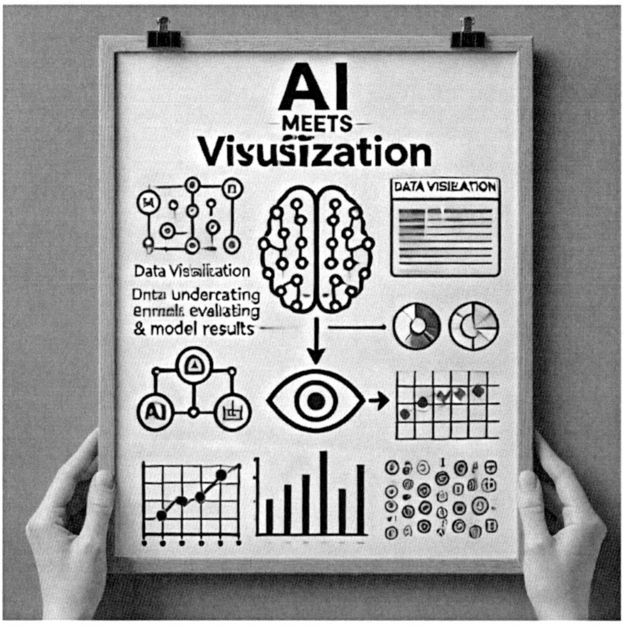

Fig. 2.3 AI에서도 꼭 필요한 시각화!

1. 데이터 탐색 및 전처리

데이터 시각화는 인공지능 모델 개발 과정에서 중요한 역할을 합니다. 데이터 분석가는 시각화 도구를 사용하여 데이터를 탐색하고, 데이터의 분포, 패턴, 이상값 등을 확인할 수 있습니다. 이는 데이터의 품질을 평가하고, 모델 학습에 적합한 데이터를 준비하는 데 도움이 됩니다. 예를 들어, 상관 행렬 히트맵을 통해 변수 간의 상관관계를 시각적으로 확인하여 모델에 포함할 피처를 선정할 수 있습니다.

2. 모델 성능 평가

인공지능 모델의 성능을 평가하고 해석하는 과정에서도 데이터 시각화가 유용합니다. 모델의 예측 결과를 실제 값과 비교하여 시각화함으로써 모델의 정확도, 정밀도, 재현율 등을 직관적으로 파악할 수 있습니다. 예를 들어, ROC 커브를 통해 이진 분류 모델의 성능을 평가하거나, 예측값과 실제값을 비교한 산점도를 통해 회귀 모델의 성능을 평가할 수 있습니다.

3. 결과 해석 및 커뮤니케이션

인공지능 모델의 결과를 해석하고, 이를 이해하기 쉽게 전달하는 데 데이터 시각화는 필수적입니다. 복잡한 모델의 예측 결과를 시각화하여 비전문가도 쉽게 이해할 수 있도록 도와줍니다. 이는 모델의 결과를 기반으로 한 의사결정 과정에서 중요한 역할을 합니다. 예를 들어, 클러스터링 결과를 시각화하여 데이터의 군집 구조를 파악하거나, 의사결정 나무를 시각화하여 모델의 의사결정 과정을 설명할 수 있습니다.

4. 모델 디버깅 및 개선

데이터 시각화는 인공지능 모델의 디버깅 및 개선 과정에서도 유용합니다. 모델이 특정 데이터에서 제대로 작동하지 않는 이유를 시각적으로 분석할 수 있습니다. 예를 들어, 잔차 플롯을 통해 회귀 모델의 오차 분포를 확인하거나, 혼동 행렬을 통해 분류 모델의 오분류 패턴을 분석할 수 있습니다. 이를 통해 모델의 성능을 개선하기 위한 방향을 도출할 수 있습니다.

5. 복잡한 데이터 구조의 이해

인공지능은 종종 고차원 데이터나 복잡한 구조의 데이터를 다룹니다. 이러한 데이터를 이해하기 위해 데이터 시각화가 중요한 역할을 합니다. 차원 축소 기법(예: PCA, t-SNE)을 사용하여 고차원 데이터를 저차원 공간에 시각화하면 데이터의 주요 구조와 패턴을 파악할 수 있습니다. 이는 모델링 과정에서 중요한 인사이트를 제공할 수 있습니다.

데이터 시각화의 Python 강점

Python은 데이터 시각화 도구로서 강력한 기능을 제공하며, 다양한 라이브러리와 풍부한 커뮤니티 지원으로 인해 데이터 시각화에 매우 적합한 프로그래밍 언어입니다. 아래에서는 Python이 데이터 시각화에서 가지는 강점들을 소개합니다.

Fig. 2.4 시각화의 대표적 도구는 역시 Python!

1. 풍부한 라이브러리 생태계

Python은 데이터 시각화를 위한 다양한 라이브러리를 보유하고 있습니다. 각 라이브러리는 고유한 장점과 기능을 제공하여 사용자가 필요에 맞는 도구를 선택할 수 있게 합니다.

- `Matplotlib`

  가장 널리 사용되는 데이터 시각화 라이브러리로, 다양한 종류의 그래프를 생성할 수 있으며, 세부적인 커스터마이징이 가능합니다.
- `Seaborn`

  Matplotlib 기반의 라이브러리로, 통계적 데이터 시각화에 특화되어 있으며, 시각적으로 매력적인 그래프를 간단한 코드로 생성할 수 있습니다.
- `Plotly`

  대화형 그래프를 쉽게 만들 수 있는 라이브러리로, 웹 기반 시각화에 적합합니다.
- `Bokeh`

  실시간 대화형 시각화를 지원하며, 웹 애플리케이션에 통합하기 쉬운 라이브러리입니다.
- `Altair`

  선언적 문법을 사용하여 직관적이고 간결한 코드로 시각화를 생성할 수 있는 라이브러리입니다.

2. 간결하고 직관적인 코드

Python의 간결하고 직관적인 문법은 데이터 시각화 코드를 작성하는 데 있어 큰 장점입니다. 복잡한 그래프도 비교적 적은 코드로 생성할 수 있으며, 가독성이 높아 유지보수가 용이합니다.

3. 통합된 데이터 처리 및 분석

Python은 데이터 시각화뿐만 아니라 데이터 처리 및 분석에도 강력한 도구를 제공합니다. `Pandas`와 같은 라이브러리는 데이터 프레임을 사용하여 데이터를 쉽게 조작하고 분석할 수 있게 해줍니다. 이러한 통합된 환경은 데이터 분석 파이프라인을 단순화하고, 효율성을 높입니다.

4. 데이터 과학과 머신러닝과의 통합

Python은 데이터 과학과 머신러닝 분야에서 널리 사용되며, 데이터 시각화는 이들 분야와 밀접하게 연관되어 있습니다. `Scikit-learn`, `Pytorch`, `TensorFlow`, `Keras`와 같은 머신러닝 라이브러리와의 통합을 통해 모델의 성능을 시각적으로 평가하고 해석할 수 있습니다.

5. 강력한 커뮤니티 지원 및 풍부한 자료

Python은 데이터 시각화 커뮤니티가 매우 활발하며, 다양한 자료와 튜토리얼을 쉽게 찾을 수 있습니다. Stack Overflow, GitHub, 공식 문서 등에서 다양한 문제 해결 방법과 예제 코드를 찾을 수 있어 학습 곡선을 줄이고, 생산성을 높일 수 있습니다.

2.1 시각화 도구

파이썬을 이용한 시각화 도구는 다양합니다. 개발자의 취향이나 개발 목적에 따라 선택하면 됩니다. 가장 대표적인 도구는 `matplotlib`와 `seaborn`입니다. `matplotlib`는 개발자가 자유롭게 커스터마이징 할 수 있고, `seaborn`은 다양한 테마를 기반으로 쉽게 시각화를 할 수 있다는 특징이 있습니다.

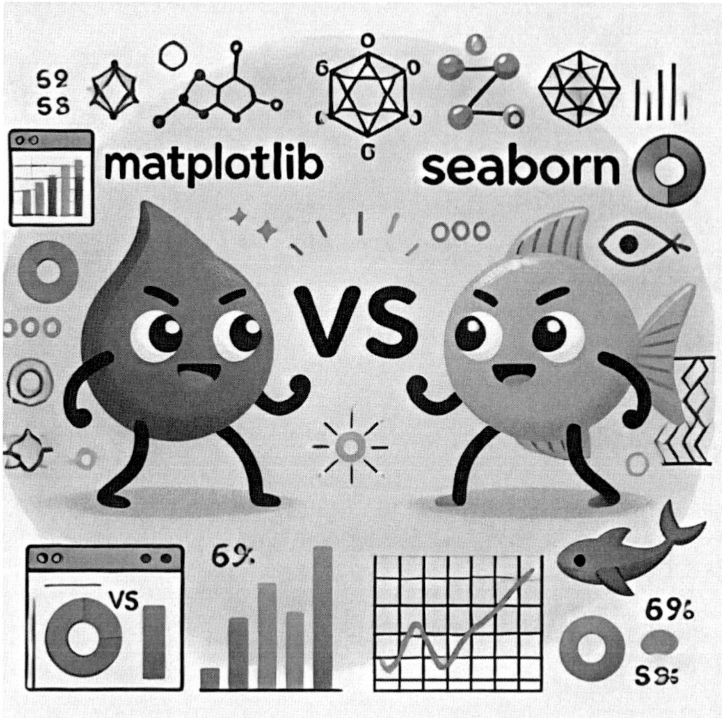

Fig. 2.5 Python 진영의 대표적인 시각화 도구는 matplotlib와 seaborn입니다.

우리는 matplotlib를 사용한 시각화 실습을 공부할 것입니다. seaborn 역시 널리 사랑받는 python 시각화 도구이므로 개인적으로 학습할 것을 추천합니다. 이번 장에서는 matplotlib와 seaborn에 대한 간단한 소개입니다.

2.1.1 matplotlib 소개

matplotlib은 파이썬에서 데이터 시각화를 위한 가장 널리 사용되는 라이브러리 중 하나입니다. 다양한 유형의 그래프와 플롯을 생성할 수 있으며, 사용자 정의가 용이하고, 다른 데이터 분석 라이브러리(예: Pandas)와 잘 통합됩니다. matplotlib을 사용하면 복잡한 데이터를 쉽게 시각화하고 이해할 수 있습니다.

주요 특징

- **다양한 플롯 유형**: 선 그래프, 막대 그래프, 히스토그램, 산점도, 파이 차트 등 다양한 그래프를 그릴 수 있습니다.

- **자유로운 커스터마이징**: 그래프의 제목, 축 레이블, 범례, 색상, 스타일 등을 자유롭게 설정할 수 있습니다. 다양한 출력 형식 지원: 그래프를 PNG, PDF, SVG 등 다양한 형식으로 저장할 수 있습니다.
- **Pandas와의 통합**: Pandas 데이터 프레임을 사용하여 간편하게 그래프를 생성할 수 있습니다.
- **상호작용 가능한 플롯**: Jupyter Notebook과 같은 환경에서 상호작용 가능한 플롯을 생성할 수 있습니다.

설치 방법

`matplotlib`은 `pip`를 사용하여 설치할 수 있습니다.

```
pip install matplotlib
```

2.1.2 seaborn 소개

`seaborn`은 `matplotlib`을 기반으로 한 Python 데이터 시각화 라이브러리로, 통계 그래프를 더 쉽게 그릴 수 있도록 도와줍니다. `seaborn`은 시각적으로 매력적이고 정보를 잘 전달하는 그래프를 생성하는 데 중점을 두고 있으며, Pandas 데이터프레임과도 잘 통합됩니다.

주요 특징

- **고수준 인터페이스**: 복잡한 그래프를 간단한 코드로 생성할 수 있습니다.
- **다양한 테마**: 다양한 스타일과 색상 팔레트를 제공하여 일관성 있는 시각화를 쉽게 생성할 수 있습니다.
- **통계적 시각화**: 다양한 통계적 플롯을 제공하여 데이터의 분포와 관계를 쉽게 파악할 수 있습니다.
- **Pandas와의 통합**: Pandas 데이터프레임을 직접 사용하여 그래프를 그릴 수 있습니다.
- **멀티플롯 기능**: FacetGrid와 같은 도구를 사용하여 복잡한 멀티플롯을 쉽게 생성할 수 있습니다.

설치 방법

seaborn은 pip를 사용하여 설치할 수 있습니다.

```
pip install seaborn
```

matplotlib과 seaborn은 Python에서 데이터 시각화를 위한 강력한 라이브러리입니다. 이 두 라이브러리를 사용하면 데이터를 효과적으로 시각화하여 더 나은 인사이트를 도출할 수 있습니다. 아래는 matplotlib과 seaborn의 주요 특징을 비교한 표입니다.

2.1.3 특징 비교

특징	matplotlib	seaborn
편의성	- 고수준 인터페이스 제공 - 복잡한 그래프를 간단하게 생성 가능	- 고수준 인터페이스 제공 - 복잡한 그래프를 간단한 코드로 생성 가능
스타일	- 기본 스타일 제공 사용자 정의 필요	- 다양한 스타일과 색상 팔레트 제공 예쁜 그래프 기본 제공
통계 시각화	- 기본 통계 시각화 지원	- 통계적 시각화에 특화 - 데이터의 분포와 관계를 쉽게 파악할 수 있는 다양한 플롯 제공
Pandas 통합	- Pandas 데이터프레임과 잘 통합	- Pandas 데이터프레임을 직접 사용하여 플롯 작성
커스터마이징	- 그래프의 세부 요소를 자세히 커스터마이징할 수 있는 유연성 제공	- 높은 수준의 기본 설정 제공 - 기본 설정을 쉽게 사용 가능
멀티 그래프	- Subplot 등을 사용하여 여러 개의 그래프를 하나의 Figure에 배치 가능	- FacetGrid와 같은 도구를 사용하여 복잡한 멀티 그래프를 쉽게 생성
그래프 유형	- 선 그래프, 막대 그래프, 히스토그램, 산점도, 파이 차트 등 다양한 그래프 제공	- 선 그래프, 막대 그래프, 히스토그램, 산점도, 카운트 플롯, 박스 플롯 등 다양한 그래프 제공
상호작용	- Jupyter Notebook과 같은 환경에서 상호작용 가능한 그래프 생성 가능	

2.2 Matplotlib 기본 사용법

Matplotlib은 Python에서 데이터 시각화를 위한 강력한 라이브러리로, 다양한 유형의 그래프와 플롯을 생성할 수 있습니다.

일반적인 사용 절차는 다음과 같습니다.

자세한 내용은 matplotlib의 API 공식 문서 (click me)를 참고하면 됩니다.

pyplot 임포트 하기

```
import matplotlib.pyplot as plt
```

plot() 메서드에 x축 값과 y축 값을 전달하기

```
plt.plot(x, y)
# x: x축 데이터
# y: y축 데이터
# 하나의 데이터만 전달된 경우
#   전달된 데이터는 y축 데이터로 처리하고,
#   x축은 matplotlib에서 자동 생성
```

그래프 제목, x, y 축 제목 등 필요한 정보 설정하기

```
plt.title('Line Plot Example')
plt.xlabel('X Axis')
plt.ylabel('Y Axis')
# 다양한 설정을 추가할 수 있음
:
:
```

show() 메서드를 이용해 그래프 생성하기

```
plt.show()
```

필요한 경우 그래프를 저장하기

```
plt.savefig(
    file_name: str, # 저장할 파일 이름 (문자열)
    tranparent: bool = False, # 배경을 투명하게 처리할지 여부
    dpi: int = rcParams["savefig.dpi"], # 해상도
    format: str = 'png, svg, ... unset from file_name', # 이미지 포맷 (파일 이름으로부터 이용)
)
```

여기서 잠깐! 그래프? 플롯?

Computer Science에서 그래프(graph)는 수학적 구조로, 객체(node 또는 vertex)와 객체 간의 관계(edge 또는 connection)를 나타냅니다. 그래프는 정형화된 데이터 구조로서, 네트워크, 소셜 미디어 연결, 경로 탐색, 트리 구조 등 다양한 응용 분야에서 사용됩니다.

플롯(plot)은 수치 데이터를 시각적으로 표현하는 방법입니다.

플롯은 데이터를 직관적으로 이해하고 분석하기 위해 사용되며, 다양한 형태의 차트와 그래프를 포함합니다.

구분	그래프(Graph)	플롯(Plot)
목적	객체와 객체 간의 관계를 나타내기 위해 사용	수치 데이터를 시각적으로 표현하기 위해 사용
구성 요소	노드, 에지	데이터 포인트, 축, 레전드
데이터 유형	구조화된 데이터 (예: 네트워크, 트리)	수치 데이터 (예: 시간에 따른 변화, 변수 간 관계)
사용 예	소셜 네트워크, 경로 탐색, 트리 구조	데이터 분석, 통계적 시각화, 트렌드 분석
대표 라이브러리	- NetworkX, - Graphviz	- Matplotlib, - Seaborn, - Plotly

Matplotlib의 기본 사용법을 몇 가지 예제를 통해 공부해 보겠습니다.

2.2.1 라인 플롯(Line Plot)

라인 플롯은 가장 기본적인 그래프 유형 중 하나로, 데이터를 선으로 연결하여 시각화합니다.

```
import matplotlib.pyplot as plt

# 데이터 준비
x = [1, 2, 3, 4, 5]
y = [2, 3, 5, 7, 11]

# 그래프 생성
plt.plot(x, y)

# 그래프에 제목과 축 레이블 추가
plt.title('Line Plot Example')
plt.xlabel('X Axis')
plt.ylabel('Y Axis')

# 그래프 표시
plt.show()
```

실행 결과

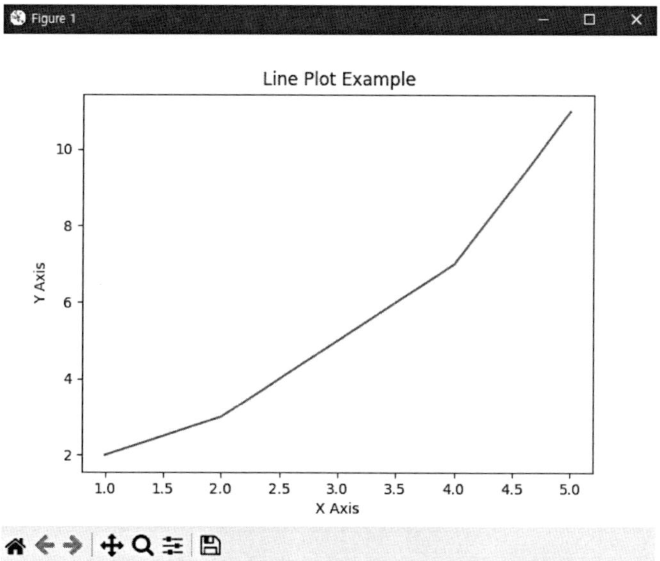

Fig. 2.6 라인 플롯 생성 결과

2.2.2 막대 그래프(Bar Chart)

막대 그래프는 범주형 데이터를 시각화하는 데 유용합니다.

```
import matplotlib.pyplot as plt

# 데이터 준비
categories = ['A', 'B', 'C', 'D', 'E']
values = [10, 24, 36, 40, 5]

# 그래프 생성
plt.bar(categories, values)

# 그래프에 제목과 축 레이블 추가
plt.title('Bar Chart Example')
plt.xlabel('Categories')
plt.ylabel('Values')

# 그래프 표시
plt.show()
```

실행 결과

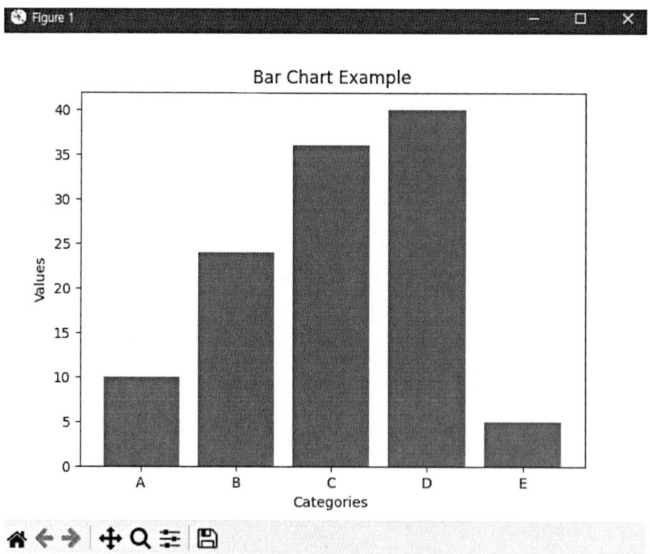

Fig. 2.7 Bar Chart 생성 결과

2.2.3 히스토그램(Histogram)

히스토그램은 데이터의 분포를 시각화하는 데 사용됩니다.

```
import matplotlib.pyplot as plt

# 데이터 준비
data = [1, 2, 2, 3, 3, 3, 4, 4, 4, 4, 5, 5, 5, 6, 6, 7, 8, 9]

# 히스토그램 그리기
plt.hist(data, bins=5, color='skyblue', edgecolor='black', alpha=0.7)
# bins: 가로(x)축 구간 개수
# color: 색상 지정
# edgeclolor: 히스토그램 막대 테두리 색상
# alpha: 히스토그램 막대 투명도

# 그래프에 제목과 축 레이블 추가
plt.title('Colored Histogram')
plt.xlabel('Value')
plt.ylabel('Frequency')

# 그래프 표시
plt.show()
```

실행 결과

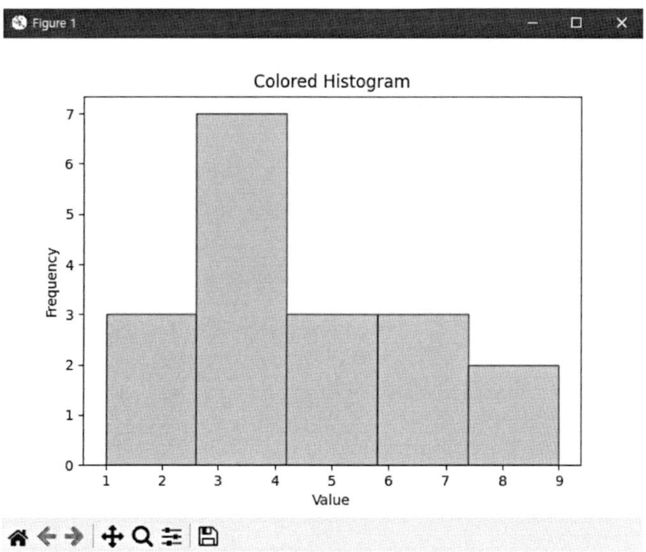

Fig. 2.8 Histogram 생성 결과

2.2.4 산점도(Scatter Plot)

산점도는 두 변수 간의 관계를 시각화하는 데 사용됩니다.

```
import matplotlib.pyplot as plt

# 데이터 준비
x = [1, 2, 3, 4, 5]
y = [2, 3, 5, 7, 11]

# 그래프 생성
plt.scatter(x, y)

# 그래프에 제목과 축 레이블 추가
plt.title('Scatter Plot Example')
plt.xlabel('X Axis')
plt.ylabel('Y Axis')

# 그래프 표시
plt.show()
```

실행 결과

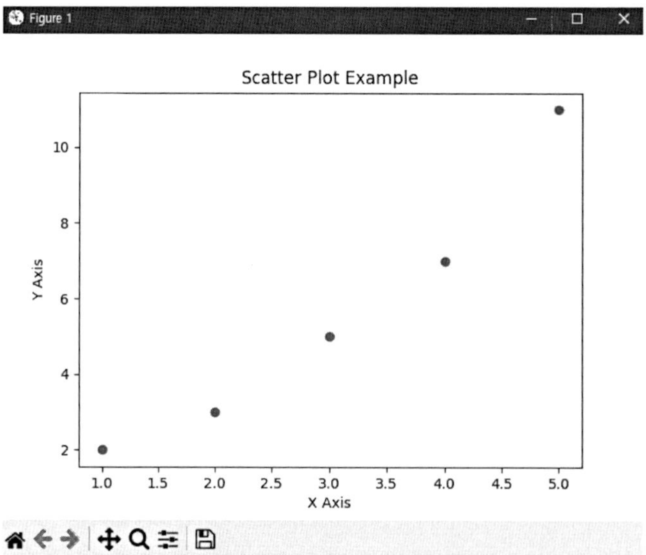

Fig. 2.9 Scatter Plot 생성 결과

산점도의 점의 크기와 색상을 변경하여 더 다양한 시각적 효과를 줄 수도 있습니다.

```
import matplotlib.pyplot as plt

# 데이터 준비
x = [1, 2, 3, 4, 5]
y = [2, 3, 5, 7, 11]
sizes = [20, 50, 100, 200, 500]
colors = ['red', 'blue', 'green', 'orange', 'purple']

# 산점도 그리기
plt.scatter(x, y, s=sizes, c=colors, alpha=0.5)

# 그래프에 제목과 축 레이블 추가
plt.title('Scatter Plot with Custom Sizes and Colors')
plt.xlabel('X Axis')
plt.ylabel('Y Axis')

# 그래프 표시
plt.show()
```

실행 결과

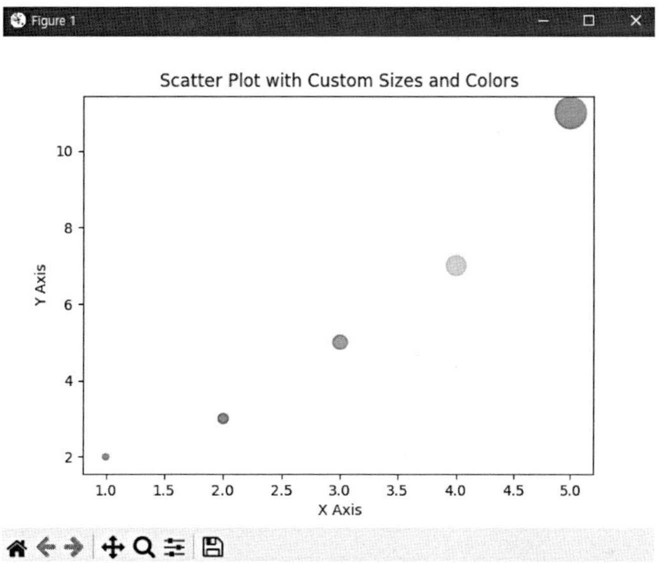

Fig. 2.10 크기/색상을 커스터마이징 해준 Scatter Plot 생성 결과

컬러맵을 사용하여 점의 색상을 데이터 값에 따라 동적으로 변경할 수 있습니다.

```
import matplotlib.pyplot as plt
import numpy as np

# 데이터 생성
x = np.random.rand(100) y = np.random.rand(100)
colors = np.random.rand(100)
sizes = 1000 * np.random.rand(100)

# 산점도 그리기
plt.scatter(x, y, c=colors, s=sizes, alpha=0.5, cmap='viridis')

# 컬러바 추가
plt.colorbar()

# 그래프에 제목과 축 레이블 추가
plt.title('Scatter Plot with Colormap')
plt.xlabel('X Axis')
plt.ylabel('Y Axis')

# 그래프 표시
plt.show()
```

실행 결과

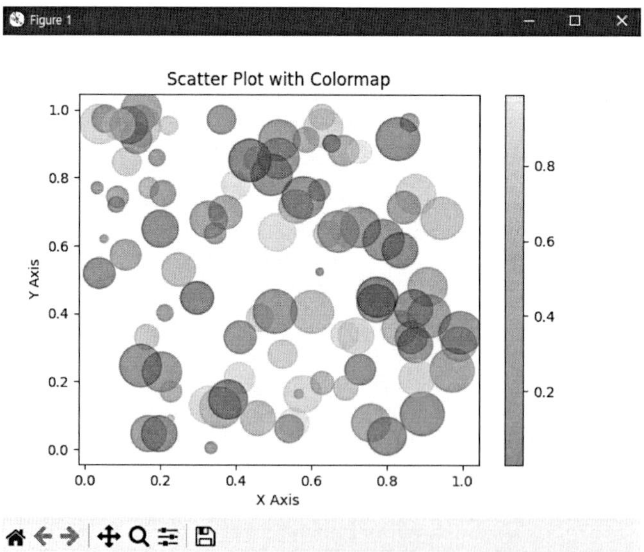

Fig. 2.11 Color map을 적용한 Scatter Plot 생성 결과

2.2.5 파이 차트(Pie Chart)

파이 차트는 범주형 데이터의 비율을 시각화하는 데 유용합니다.

```
import matplotlib.pyplot as plt

# 데이터 준비
labels = ['A', 'B', 'C', 'D']
sizes = [15, 30, 45, 10]

# 그래프 생성
plt.pie(sizes, labels=labels, autopct='%1.1f%%')

# 그래프에 제목 추가
plt.title('Pie Chart Example')

# 그래프 표시
plt.show()
```

실행 결과

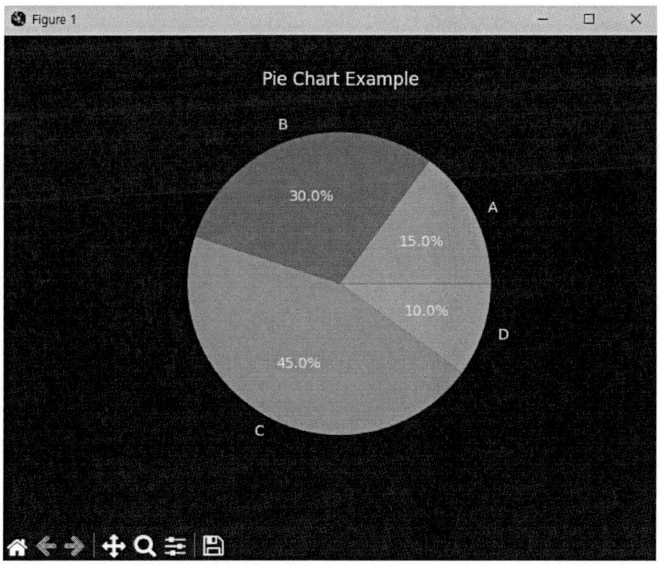

Fig. 2.12 Pi Chart 생성 결과

2.3 자주 사용되는 Dataset 소개

데이터 시각화는 데이터를 직관적으로 이해하고 분석하는 데 중요한 역할을 합니다. 다양한 데이터셋이 데이터 시각화에 사용되며, 그 중 몇 가지 대표적인 데이터셋을 소개합니다.

표 형식 데이터는 행과 열로 구성된 스프레드시트나 데이터베이스 테이블 형태로, 변수와 관측치가 명확히 구분됩니다. 대표적인 예로, `Iris` 데이터셋과 `Titanic` 데이터셋이 있습니다.

`Iris` 데이터셋은 꽃잎과 꽃받침의 길이와 너비를 포함한 간단한 데이터셋으로, 데이터 시각화와 머신러닝 초보자들에게 자주 사용됩니다.

`Titanic` 데이터셋은 타이타닉 호의 승객 정보를 포함하고 있어, 생존자 분석 등 다양한 시각화와 분석을 수행할 수 있습니다.

시계열 데이터는 시간의 경과에 따른 데이터를 포함하며, 시간 순서대로 정렬된 데이터 포인트로 구성됩니다. 예를 들어, `Global Temperature` 데이터셋은 특정 지역의 일별 기온 변화를 기록한 데이터셋으로, 기후 변화와 관련된 시각화에 유용합니다.

범주형 데이터는 고정된 수의 범주로 구성된 데이터입니다. 예를 들어, `Penguins` 데이터셋은 펭귄의 종, 섬, 성별 등을 포함하여 범주형 데이터를 시각화하는 데 자주 사용됩니다.

공간 데이터는 지리적 위치와 관련된 데이터를 포함하며, 지도 시각화에 사용됩니다. 대표적인 예로, `Earthquake` 데이터셋은 지진 발생 위치와 강도를 포함하여 지진의 분포와 패턴을 시각화하는 데 유용합니다.

이미지 데이터는 이미지 파일로 구성된 데이터로, 이미지 분류와 객체 탐지 등의 시각화에 사용됩니다. 예를 들어, `MNIST` 데이터셋은 손글씨 숫자 이미지 데이터셋으로, 이미지 처리와 관련된 다양한 시각화와 분석을 수행할 수 있습니다. `CIFAR-10` 데이터셋은 10개 클래스의 이미지 데이터셋으로, 보다 복잡한 이미지 분류 작업에 사용됩니다.

텍스트 데이터는 텍스트 형식의 데이터를 포함하며, 자연어 처리와 관련된 시각화에 사용됩니다. 예를 들어, `IMDb` 영화 리뷰 데이터셋은 영화 리뷰 텍스트와 평점을 포함하여 텍스트 데이터의 감정 분석과 시각화에 유용합니다.

2.3.1 표 형식 데이터 (Tabular Data)

행과 열로 구성된 표 형식의 데이터로, 스프레드시트나 데이터베이스 테이블 형태로 자주 사용됩니다. 각 열은 변수(피처, 특성벡터, `feature` 등으로 부르기도 함)를 나타내고, 각 행은 관측치를 나타냅니다.

- `Iris` **데이터셋**: 꽃잎과 꽃받침의 길이와 너비를 포함한 간단한 데이터셋 (download link)
- `Titanic` **데이터셋**: 타이타닉 호의 승객 정보를 포함한 데이터셋 (download link)

2.3.2 시계열 데이터 (Time Series Data)

시간의 경과에 따른 데이터로, 주로 시간 순서대로 정렬된 데이터 포인트로 구성됩니다. 주식 가격, 기온 변화, 판매 수치 등이 이에 해당합니다.

- **기온 변화 데이터셋**: 특정 지역의 일별 기온 변화를 기록한 데이터셋 (download link)
- **주식 가격 데이터셋**: 특정 주식의 일별 종가를 기록한 데이터셋 (github code)

2.3.3 범주형 데이터 (Categorical Data)

범주형 데이터는 고정된 수의 범주로 구성된 데이터를 말하며, 주로 막대그래프나 파이 차트로 시각화됩니다.

- **자동차 데이터셋**: 자동차의 종류, 제조사, 연료 타입 등을 포함한 데이터셋 (Kaggle dataset)
- **펭귄 데이터셋**: 펭귄의 종, 섬, 성별 등을 포함한 데이터셋 (download link)

2.3.4 공간 데이터 (Spatial Data)

지리적 위치와 관련된 데이터를 말하며, 주로 지도 시각화에 사용됩니다. 좌표, 지역, 경계선 등의 정보를 포함합니다.

- **지도 데이터셋**: 특정 지역의 지리적 경계 데이터를 포함한 데이터셋 (geoBoundaries_download)
- **지진 데이터셋**: 지진 발생 위치와 강도를 포함한 데이터셋 (download link)

2.3.5 이미지 데이터 (Image Data)

이미지 파일로 구성된 데이터로, 이미지 분류, 객체 탐지 등의 시각화에 사용됩니다.

- `MNIST` **데이터셋**: 손글씨 숫자 이미지 데이터셋 (download link)
- `CIFAR-10` **데이터셋**: 10개 클래스의 이미지 데이터셋 (download link)

2.3.6 텍스트 데이터 (Text Data)

텍스트 형식의 데이터로, 자연어 처리와 관련된 시각화에 사용됩니다.

- **뉴스 기사 데이터셋**: 뉴스 기사 텍스트를 포함한 데이터셋 (공공데이터포털)
- **영화 리뷰 데이터셋**: 영화 리뷰 텍스트와 평점을 포함한 데이터셋 (download link)

2.4 Multi-plot 그리기

Matplotlib은 하나의 Figure에 여러 개의 플롯을 배치할 수 있는 다양한 기능을 제공합니다. 멀티 플롯을 잘 활용할 수 있다면 여러분이 갖고 있는 데이터를 한 눈에 비교하고 분석할 수 있으며, 개발자 동료나 다른 분야의 관련자들에게 설명하기도 편리합니다. 누구도 가르쳐주지 않지만, 개발자라면 꼭 알아야 하는 기술 중 하나입니다.

2.4.1 Matplotlib 구성 이해하기

주요 객체 이해하기

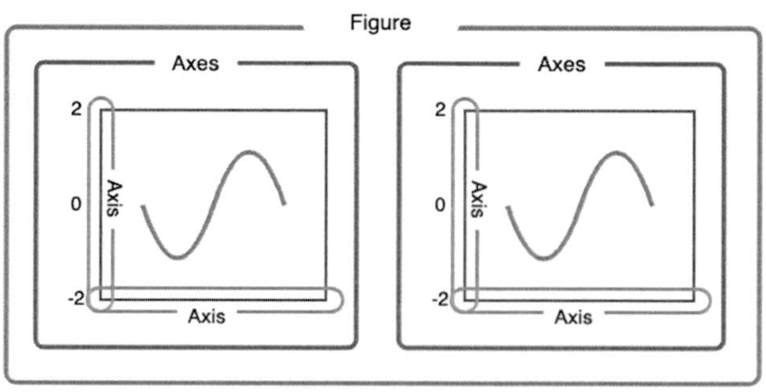

Fig. 2.13 Figure, Axes, Axis 관계

Figure 객체

전체 플롯을 그리는 **도화지**(또는 액자)를 표현하는 객체입니다.

도화지 1장에 하나의 그림을 그릴 수도 있고, 도화지를 가로/세로로 분할해서 여러 그림을 그릴수도 있습니다.

Figure 객체에 대한 자세한 설명은 여기를 참고하세요.

서브 플롯(Axes)이 있을 경우 모든 서브 플롯을 추적(tracking)하고, 그림 상에 나타나는 정보(Artist가 생성한 정보)를 관리합니다.

일반적으로 Figure는 다음과 같이 생성합니다.

```
import matplotlib.pyplot as plt

fig = plt.figure()             # 자식 플롯이 없는 빈 도화지 생성
fig, ax = plt.subplots()       # 도화지에 1개의 서브 플롯 생성
fig, axs = plt.subplots(2, 2)  # 도화지에 2행, 2열로 구성된 서브 플롯 생성
# 좌측 상단+하단 영역을 모자이크처럼 합치기 -> 3개 서브 플롯으로 구성
fig, axs = plt.subplot_mosaic([['left', 'right_top'],
                               ['left', 'right_bottom']])
```

실행 결과

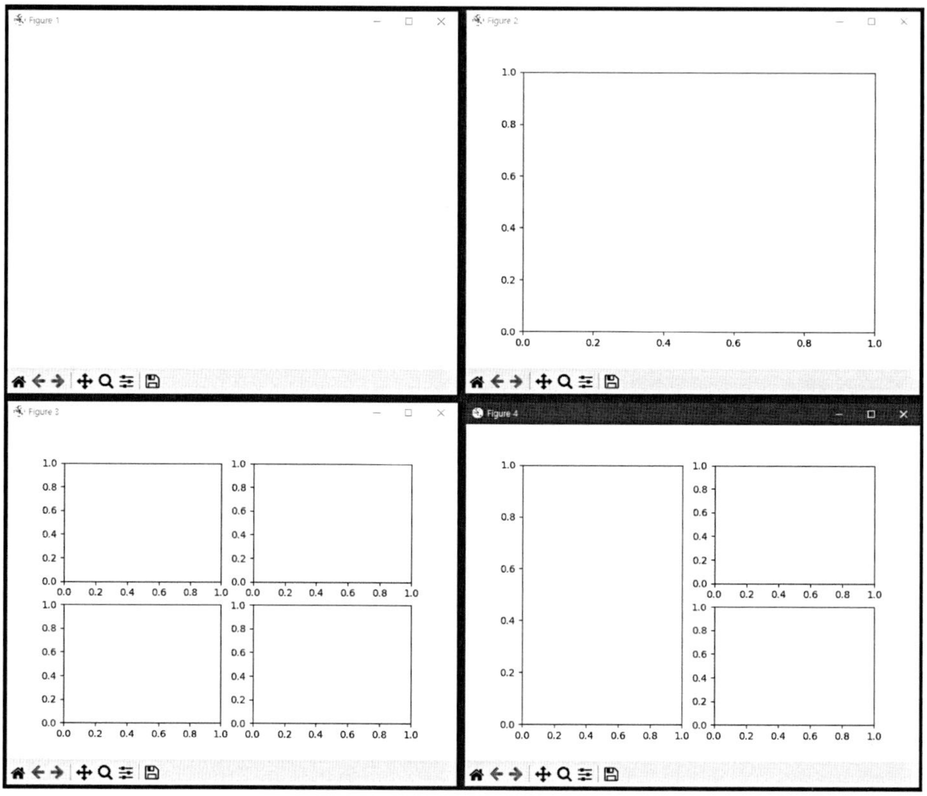

Fig. 2.14 4개 fig를 순서대로 생성한 이미지

Axes 객체

도화지 안에 들어갈 하부(자식 플롯) 그림들을 표현하는 객체입니다. Fig. 2.13은 도화지를 반으로 접어서 1행 2열로 2개 영역을 만드는 예제입니다. 이 때 matplotlib는 2개의 Axes 객체가 생성됩니다. Axes에 대한 자세한 설명은 여기를 참고하세요.

Axis 객체

각각의 하부 그림 Axes에 속하는 객체입니다. Axes와 이름이 비슷하여 많은 학생들이 헷갈려 하는 개념입니다. Axis는 축(axis)을 표현하며 2차원 플롯에서는 가로(x)축과 세로(y)축을 표현합니다. 3차원 플롯일 경우 당연히 x, y, z 축을 표현하게 됩니다. 축의 ticks(눈금)을 설정하거나 ticklabels(눈금 설명) 등을 수행할 때 사용하는 개념입니다.

Artist 객체

그림(Figure)에서 사람의 눈에 보이는 정보를 표현하는 객체입니다. 플롯에서 눈에 보이는 모든 것을 의미합니다. Figure, Axes, Axis도 Artist입니다.

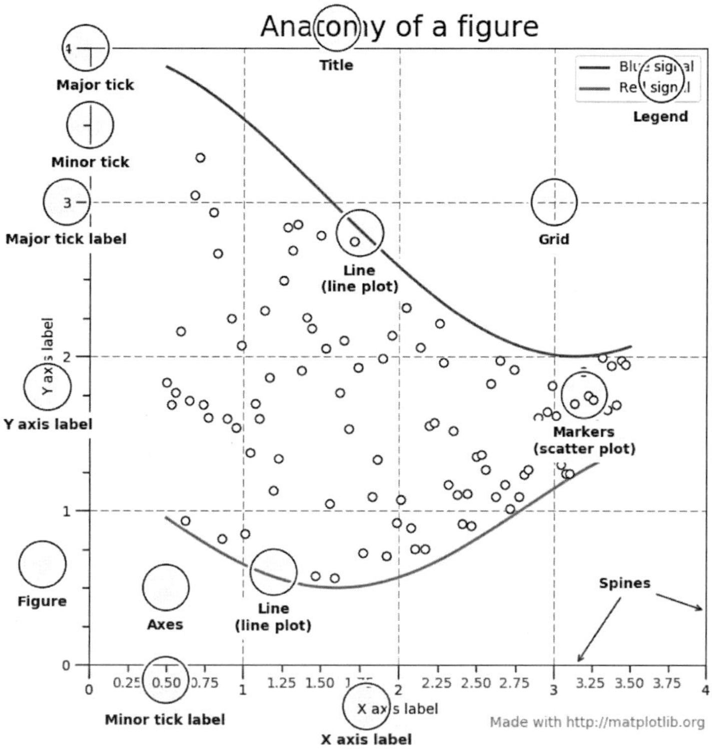

Fig. 2.15 Figure 객체의 주요 구성품

여기서 잠깐! 레이아웃(layout)이란?

레이아웃(layout)이란 Figure에 있는 Axes의 배치를 의미합니다.

서브 플롯을 여러 개 생성하면 이미지 배치가 깨지는 경우가 생깁니다.

여백이 깨진 경우에는 프로그래머가 일일히 수작업으로 서브 플롯의 여백을 재조정 하는 작업은 매우 번거롭습니다.

Matplotlib에서는 자동으로 여백을 재조정해주는 메서드 tight_layout() 메서드를 제공합니다. 자세한 내용은 공식 문서를 참고하기 바랍니다.

아래 그림은 `tight_layout()` 적용하지 않아 여백이 깨진 서브 플롯입니다.

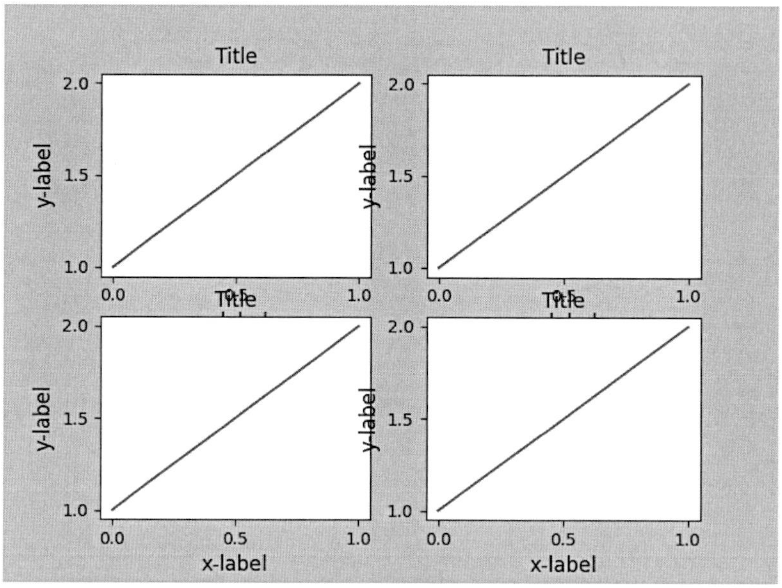

Fig. 2.16 여백이 깨진 서브 플롯

다음 그림은 `tight_layout()` 적용한 결과입니다.

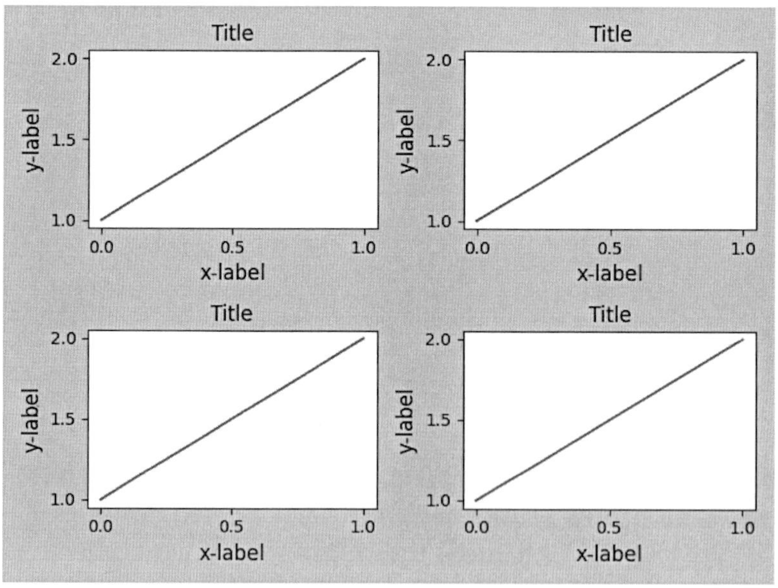

Fig. 2.17 여백이 자동 조정된 서브 플롯

2.4.2 기본 Subplots

가장 기본적인 subplots 메서드를 이용해 생성하는 방법입니다.
pyplot.subplots() 메서드는 주로 2개의 파라미터를 사용합니다.

```
import matplotlib.pyplot as plt

# nrows: 멀티 플롯에서 행의 개수, 기본값 1
# ncols: 멀티 플롯에서 열의 개수, 기본값 1
plt.subplots(nrows: int = 1, ncols: int = 1)
```

pyplot.subplots() 메서드는 Figure 객체와 서브 플롯의 정보를 튜플로 리턴합니다.
subplots()에 대한 자세한 정보는 matplotlib 공식 문서를 참조하기 바랍니다.

만약 서브 플롯의 형태가 1행 1열 이라면 하나의 Axes 객체를 리턴합니다.
만약 2개 이상의 서브 플롯을 요청하였다면 Axes 객체 참조 정보를 리스트로 리턴합니다.
만약 하나의 Figure 안에 2행, 1열의 플롯을 생성하고자 한다면 다음과 같이 코딩하면 됩니다.

실행 결과

```
import matplotlib.pyplot as plt import numpy as np

# 데이터 생성
x = np.linspace(0, 10, 100) y1 = np.sin(x)
y2 = np.cos(x)

# Figure와 Subplot 생성
fig, (ax1, ax2) = plt.subplots(2, 1)

# 첫 번째 Subplot
ax1.plot(x, y1)
ax1.set_title('Sine Wave')

# 두 번째 Subplot
ax2.plot(x, y2)
ax2.set_title('Cosine Wave')

# 레이아웃 조정
plt.tight_layout()

# 그래프 표시
plt.show()
```

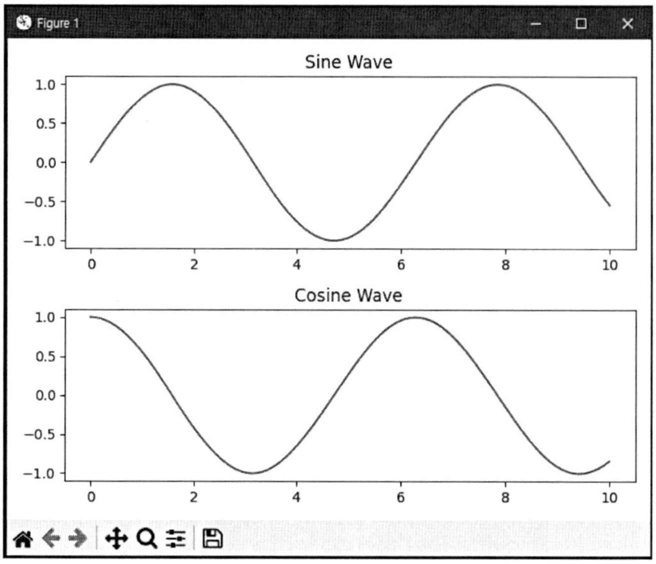

Fig. 2.18 subplot을 이용한 multi-plot 생성 결과

2.4.3 여러 열과 행의 Subplot

여러 행과 열로 구성된 subplot을 생성하는 방법을 설명합니다.

실습 예제로 2행 3열의 서브 플롯을 생성하는 코드를 작성해 봅니다.

처음에는 내용이 없이 비어 있는 서브 플롯 6개가 생성됩니다.

```
import matplotlib.pyplot as plt

# nrows: 멀티 플롯에서 2개의 행
# ncols: 멀티 플롯에서 3개의 행
fig, ax = plt.subplots(2, 3)

# 레이아웃 조정
plt.tight_layout()

# 그래프 표시
plt.show()
```

실행 결과

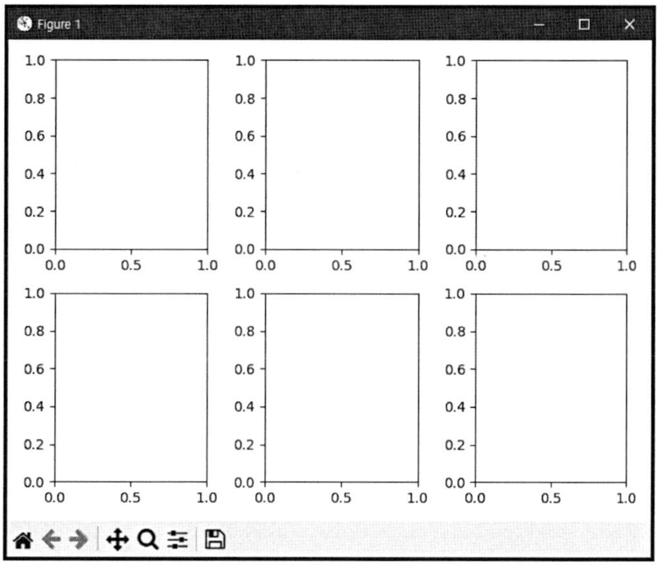

Fig. 2.19 subplots()을 이용한 2행 3열 플롯 생성

다음 코드는 2행, 2열의 서브 플롯에 서로 다른 데이터를 시각화하는 코드입니다.

각각의 서브 플롯에 sine(사인) 함수, cosine(코사인) 함수, tangent(탄젠트) 함수, exponential(지수) 함수 데이터를 표현하게 됩니다.

```
import matplotlib.pyplot as plt import numpy as np

# 데이터 생성
x = np.linspace(0, 10, 100)
y1 = np.sin(x)
y2 = np.cos(x) y3 = np.tan(x)
y4 = np.exp(-x)

# Figure와 Subplot 생성
fig, axs = plt.subplots(2, 2, figsize=(10, 8))

# 첫 번째 Subplot: 0번째 행, 0번째 열
axs[0, 0].plot(x, y1)
axs[0, 0].set_title('Sine Wave')
```

```
# 두 번째 Subplot: 0번째 행, 1번째 열
axs[0, 1].plot(x, y2)
axs[0, 1].set_title('Cosine Wave')

# 세 번째 Subplot: 1번째 행, 0번째 열
axs[1, 0].plot(x, y3)
axs[1, 0].set_title('Tangent Wave')

# 네 번째 Subplot: 1번째 행, 1번째 열
axs[1, 1].plot(x, y4)
axs[1, 1].set_title('Exponential Decay')

# 레이아웃 조정
plt.tight_layout()

# 그래프 표시
plt.show()
```

실행 결과

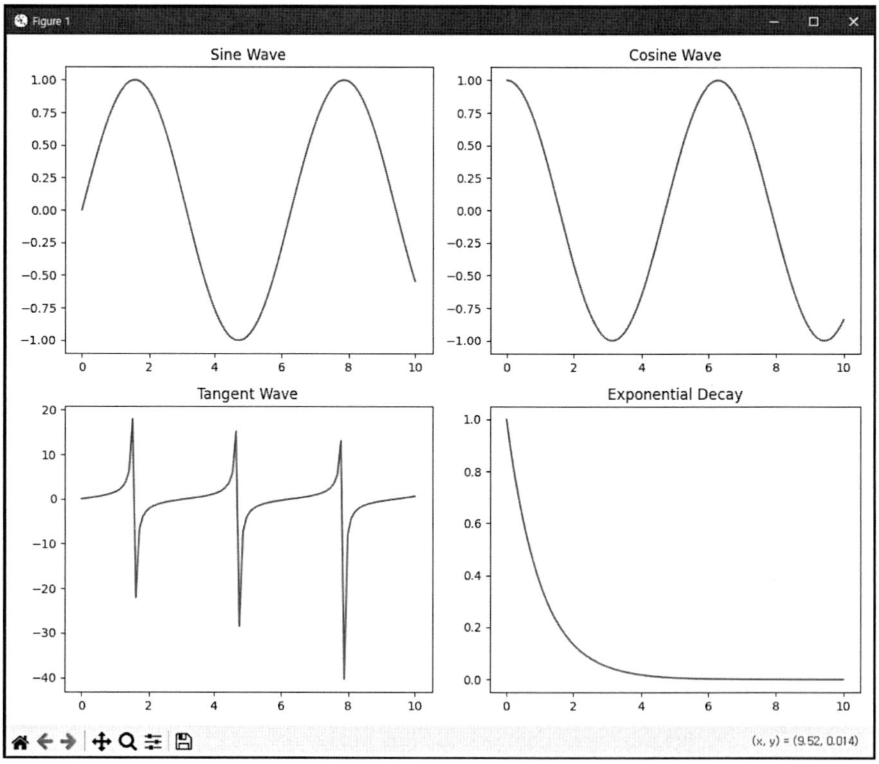

Fig. 2.20 행과 열을 이용한 multi-plot 생성 결과

2.5 Realtime Plot

실시간 플롯은 시간에 따라 변하는 데이터를 동적으로 시각화하는 도구로, 여러 응용 분야에서 필수적인 역할을 합니다.

데이터가 실시간으로 수집되고 처리되는 상황에서, 실시간 플롯은 데이터를 즉각적으로 분석하고 이해하는 데 중요한 역할을 합니다.

다양한 산업과 연구 분야에서 데이터 기반의 신속한 의사결정을 지원하는 데 필수적이며 데이터와 인공지능을 다루는 개발자라면 꼭 알아야 하는 필수 지식 중 하나입니다.

2.5.1 실시간 플롯의 필요성

실시간 모니터링

실시간 플롯은 시스템이나 프로세스를 실시간으로 모니터링하는 데 필수적입니다. 예를 들어, 제조 공정에서 센서 데이터를 실시간으로 모니터링하여 기계의 성능을 확인하고, 이상 징후를 조기에 감지할 수 있습니다. 이를 통해 기계 고장을 예방하고, 유지보수 비용을 절감할 수 있습니다.

즉각적인 피드백 제공

실시간 플롯은 데이터 변화에 대한 즉각적인 피드백을 제공하여 사용자나 운영자가 신속하게 대응할 수 있도록 합니다. 금융 거래 시스템에서 실시간 주가 데이터를 시각화하여 투자자가 빠르게 시장 상황을 파악하고, 적절한 투자 결정을 내릴 수 있습니다.

이상 감지 및 문제 해결

실시간 데이터를 시각화함으로써 데이터의 이상치를 즉시 감지할 수 있습니다. 네트워크 관리에서는 실시간 트래픽 데이터를 모니터링하여 비정상적인 패턴을 발견하고, 네트워크 침입이나 성능 저하 문제를 빠르게 해결할 수 있습니다.

데이터 흐름의 이해와 통찰력

실시간 플롯은 데이터 흐름과 그 변화를 시각적으로 이해하는 데 도움을 줍니다. IoT(사물인터넷) 환경에서는 다양한 센서로부터 수집된 데이터를 실시간으로 시각화하여, 전체 시스템의 상태와 성능을 한눈에 파악할 수 있습니다.

2.5.2 animation 모듈

지금까지 기본적 플롯을 생성하기 위해 사용한 모듈은 `Matplotlib`의 하부 패키지인 `pyplot` 모듈(`matplotlib.pyplot`)을 주로 사용하였습니다. 동적(dynamic) 플로팅을 위해서는 다른 하부 패키지를 사용해야 합니다.

`Matplotlib`의 수많은 하부 패키지 중 하나인 `animation` 모듈(`matplotlib.animation`)은 동적이고 애니메이션된 시각화를 쉽게 생성할 수 있는 강력한 도구입니다.

여기서 잠깐! Matplotlib 하부 패키지 종류

`Matplotlib`는 그 인기 만큼 수많은 하부 패키지(또는 모듈)을 제공하고 있습니다.

개발자라면 너무 많아서 복잡하다고 불평해서는 안됩니다. 개발자의 다양한 요구를 충족하기 위해서 만든 기능들입니다. 게다가 모두 무료로 쓸 수 있습니다. 비슷한 기능을 제공하는 `Matlab` 소프트웨어는 돈을 내야 합니다.

심지어 `Matplotlib`은 오픈소스 프로젝트로 모든 소스코드가 공개되어 누구나 자유롭게 접근할 수 있으며, 관심있는 독자라면 직접 고치거나 변형하여 성능개선에 공헌할 수도 있습니다. 좋은 오픈소스는 항상 감사한 마음으로 사용해야 합니다 ^^.

`Matplotlib`에서 제공하는 전체 API 목록은 공식 문서에서 확인할 수 있습니다.

`animation` 모듈을 사용하면 시간에 따라 변화하는 데이터를 시각적으로 표현할 수 있습니다. 특히 실시간 데이터 스트림이나 시뮬레이션 데이터를 시각화하는 데 유용합니다. 자세한 내용은 여기를 참고하세요.

2.5.3 주요 클래스와 함수

`Matplotlib`의 `animation` 모듈은 기본 클래스인 `Animation`를 상속받아 `TimedAnimation` 클래스를 만듭니다. `TimedAnimation` 클래스는 다시 `FuncAnimation`와 `ArtistAnimation` 클래

스를 자식으로 갖고 있습니다.

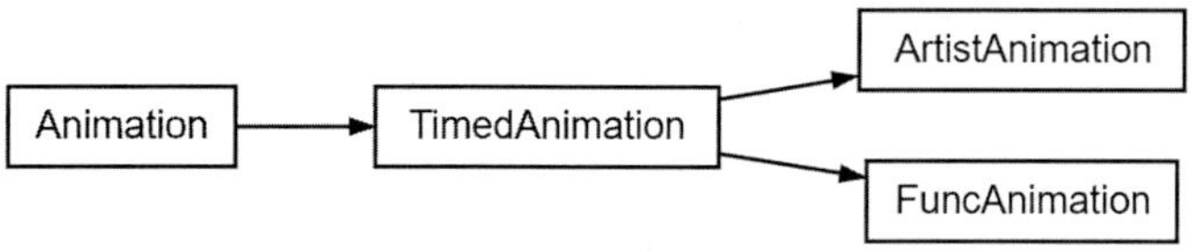

Fig. 2.21 animation 클래스 구조

2.5.4 FuncAnimation 클래스

함수를 주기적으로 호출하는 FuncAnimation 클래스입니다. 호출 함수로부터 실시간 데이터(센서 데이터 등)를 리턴 받아 사용할 수 있습니다. 방송으로 보면 생방송(라이브 방송)에 해당합니다.

```
FuncAnimation 인터페이스
```

가장 많이 사용되는 애니메이션 클래스 중 하나로, 주기적으로 함수를 호출하여 플롯을 업데이트합니다. 자세한 내용은 공식 문서를 참고하기 바랍니다.

초기화(객체 생성)

```
animation.FuncAnimation(
    fig,
    func,
    frames=None,
    init_func=None,
    fargs=None,
    save_count=None,
    **kwargs
)
```

매개변수(parameters, params)

- fig: 애니메이션이 적용될 Figure 객체
- func: 각 프레임에서 호출되는 함수이름, 플롯을 업데이트할 값을 생성해 주는 함수(첫번째 인자는 반드시 frame으로 전달해야 함), 인자(argument)를 추가해서 func 정의하고

싶을 경우 2가지 방법이 가능함.

방법 1. functools.partial 사용 (matplotlib에서 추천하는 기법)

```
from functools import partial
from matplotlib.animation import FuncAnimation

def func(frame, x, y=None):
    ...

ani = FuncAnimation(fig, partial(func, x=1, y='something'))
```

방법 2. fargs 파라미터 이용

```
from matplotlib.animation import FuncAnimation

def func(frame, *fargs):
    ...
    return iterable_of_artists

ani = FuncAnimation(fig, func, fargs=(x=1, y='something'))
```

- fargs: func에 전달할 추가 인수 (tuple로 전달), optional.
- frames: 애니메이션의 프레임(1초당 이미지 개수) 수 또는 프레임 생성 함수, optional. (예) 정수 100을 입력할 경우 range(100)을 func로 전달
- init_func: 애니메이션 시작 전에 한 번 호출되는 초기화 함수의 이름, optional.
- save_count: 저장할 프레임 수, optional.
- blit: blitting 최적화를 사용할지 여부, optional.

여기서 잠깐! Blitting이란?

컴퓨터 그래픽에서 렌더링(화면에 이미지를 그리는 작업) 수행 시 변하지 않는 영역은 그대로 두고 변하는 픽셀만 그리는 접근법입니다.

예를 들어 matplotlib가 생성한 plot에서 배경, x/y축을 표현하는 그래픽 등은 변하지 않기 때문에 그대로 두고, 변하는 데이터만 새롭게 그리는 방법입니다.

Blitting은 컴퓨터 그래픽 작업을 빠르게 처리할 수 있기 때문에 광범위하게 사용되고 있습니다. 자세한 내용은 공식 문서를 참고하세요.

간단 예제

```
import numpy as np
import matplotlib.pyplot as plt
import matplotlib.animation as animation

# 데이터 생성 함수
def update(frame):
    line.set_ydata(np.sin(x + frame / 10.0))  # 업데이트할 데이터
    return line,

# 초기화 함수
def init():
    line.set_ydata(np.ma.array(x, mask=True))
    return line,

# 데이터 준비
x = np.linspace(0, 2 * np.pi, 100)
fig, ax = plt.subplots()
line, = ax.plot(x, np.sin(x))

# 애니메이션 생성
ani = animation.FuncAnimation(
    fig,
    update,
    frames=100,
    init_func=init,
    blit=True
)

# 화면에 플롯 시현
plt.show()
```

2.5.5 ArtistAnimation 클래스

이미 생성된 데이터가 시간에 따라 어떻게 변화되는지 관찰해야 하는 경우도 있을 것입니다. 일정 길이의 데이터셋을 애니메이션(시뮬레이션) 해주는 ArtistAnimation클래스는 저장된 데이터셋을 불러와 녹화 재생기처럼 에니메이션 해주는 클래스입니다. 방송에 비유하면 녹화 방송(재방송)에 해당합니다.

Artist 인터페이스

각 프레임에서 플롯이 어떻게 보일지를 명시적으로 정의하여 주어진 데이터를 실시간으로 표현하면 어떻게 보이는지 확인하기 위하여 사용합니다. 자세한 내용은 공식 문서를 참고하세요.

초기화(객체 생성)

```
animation.ArtistAnimation(
    fig,
    artists,
    interval=200,
    repeat_delay=None,
    blit=False
)
```

매개변수(parameters, params)

- fig: 애니메이션이 적용될 Figure 객체
- artists: 각 프레임에 대한 Artist 객체의 리스트
- interval: 프레임 간의 시간 간격(밀리초)
- repeat_delay: 애니메이션 반복 간의 지연 시간
- blit: blitting 최적화를 사용할지 여부

간단 예제

```
import numpy as np
import matplotlib.pyplot as plt
import matplotlib.animation as animation

fig, ax = plt.subplots()
x = np.linspace(0, 2 * np.pi, 100)
y = np.sin(x)

artists = []
for i in range(len(x)):
    point, = ax.plot(x[i], y[i], 'ro')
    artists.append([point])

ani = animation.ArtistAnimation(fig, artists, interval=50, blit=True)
plt.show()
```

2.5.6 animation 동영상 저장

Anmaition 객체가 생성한 플롯은 저장 기능(save() 메서드)을 가지고 있습니다. 쉽게 realtime plot을 저장할 수 있다는 뜻입니다. 정말 편리한 기능입니다.

FuncAnimation와 ArtistAnimation도 Anmaition의 자식 클래스이므로 당연히 저장 기능을 사용할 수 있습니다. Fig. 2.21을 기억해 보세요 ^^.

animation.save 인터페이스

Animation 객체가 생성한 플롯을 사용자가 원하는 형태로 저장하는 기능입니다. 자세한 내용은 공식 문서를 참고하기 바랍니다.

초기화(객체 생성)

애니메이션 저장을 위한 별도의 객체 생성은 필요하지 않습니다. 왜냐하면 realtime 플롯을 위해 이미 Animiation 객체를 생성했기 때문입니다. FuncAnimation와 ArtistAnimation 모두 가능합니다.

매개변수(parameters, params)

```
animation.save(
    self, filename,
    writer=None,      fps=None,          dpi=None,
    codec=None,       bitrate=None,      extra_args=None,
    metadata=None,    extra_anim=None,   savefig_kwargs=None,
    *, progress_callback=None
)
```

- filename: str, 저장할 파일 이름, (예) mymovie.mp4.
- writer: MovieWriter 또는 str, 기본값: ffmpeg.

  간단하게 사용하려면 filename 값만 전달하면 됩니다. Default / Optional parameter에 대한 세부적인 설명은 생략합니다. 공식 문서를 확인해 주세요.
- fps: int, optional
- dpi: float, default: figure

- `codec`: `str`, default: `h264`
- `bitrate`: `int`, default: `-1`
- `extra_args`: `list` of `str` or `None`, optional
- `metadata`: `dict[str, str]`, default: `{}`
- `extra_anim`: `list`, default: `[]`
- `savefig_kwargs` : `dict`, default: `{}`
- `progress_callback` : `function`, optional

`writer` 파라미터의 기본값(`default`)이 `ffmpeg`로 지정되어 있습니다. 따라서 동영상 저장을 하려면 ffmpeg가 설치되어 있어야 합니다.

모든 것을 기본설정으로 처리하고, 간단히 저장하려면 다음 명령어로도 충분합니다.

```
# 현재 디렉토리에 animation.mp4 이름의 파일로 저장
animation.save('animation.mp4')
```

`ffmpeg`는 별도의 설치 파일(`.msi` 또는 `.exe`)을 제공하지 않기 때문에 빌드(build)가 된 압축 파일을 다운로드하여 실행 경로(path)를 직접 설정해 주면 됩니다.

윈도우에 `ffmpeg` 설치 → 참고할 만한 블로그 (바로가기)

다음 예제는 2개의 3차원(3D) 서브 플롯을 갖는 Figure를 생성하고 실행시킨 것을 동영상으로 저장하는 예제 코드입니다.

- **참고 사항**: 동영상을 만드는데 약 3분(180초) 처리 시간이 필요합니다.

```
'''3D 애니메이션 예제'''

import numpy as np
import matplotlib.pyplot as plt
from matplotlib.animation import FuncAnimation


# X축 및 Y축 좌표 생성
xs = np.linspace(-2, 2, 101) # -2부터 2까지 균일간격 101개 값 생성
ys = np.linspace(-2, 2, 101) # -2부터 2까지 균일간격 101개 값 생성
```

```
# XY 평면 좌표 생성
xx, yy = np.meshgrid(xs, ys)

# 모든 XY 평면상 값에 해당하는 Z값 생성
zz = xx * np.exp(-(xx)**2 - yy**2)

# 3D 플롯 생성
fig, axs = plt.subplots(
    nrows=1,
    ncols=2,
    figsize=(10, 7),
    # layout 방식 설정 - 아래 두가지 방법 모두 가능
    # constrained_layout=True,
    # layout='tight',
    layout='tight',
    subplot_kw={'projection': '3d'} # 각 sub-plot에 전달할 args
)

# 참고사항
# constrained_layout
# tight_layout과 비슷하게 sub-plot을 자동 배치해주는 옵션입니다.
# 하지만, tight_layout 보다 유연한 배치를 제공합니다.
#   - sub-plot에 할당된 color bar 자동 배치
#   - 동일한 행/열에 배치된 sub-plot의 크기를 자동 조정
#   - 가로축, 세로축 자동 맞춤
# 참고: https://matplotlib.org/stable/users/explain/axes/constrainedlayout_guide.html

# constrained_layout vs tight_layout
# 이것 저것 신경쓰지 않고 matplotlib에게 맡기고 싶다면 constrained_layout 사용
# 미세한 조정을 직접 하고 싶다면 tight_layout 사용

### 첫번째(왼쪽) plot 생성 ###
# 3차원 채워진 등고선, contourf 메서드 -> 연결된 등고선 생성
axs[0].contourf(
    xx, yy, zz,
    cmap="inferno", # 컬러맵 지정,
    # cmap 참고: https://matplotlib.org/stable/users/explain/colors/colormaps.html
      #grayscale-conversion
    levels=20, # 등고선 라인 개수
)

### 두번째(오른쪽) plot 생성 ###
# 2차원 바닥 등고선 생성
axs[1].plot_surface(
```

```
    xx, yy, zz,
    cmap="inferno",
    ec="k",          # edge color, k: black
    # edge color format: https://matplotlib.org/stable/users/explain/colors/colors.html
      #color-formats
    linestyle="dotted", # line 스타일(선 종류)
    # lie syyles format: https://matplotlib.org/stable/gallery/lines_bars_and_markers/
      linestyles.html
    linewidths=0.5 # line width(선 굵기)
)
# 3차원 색이 채워진 등고선 생성
axs[1].contourf(xx, yy, zz, zdir="z", offset=-0.6)
# 3차원 선으로만 연결된 등고선 생성
axs[1].contour(xx, yy, zz, zdir="z", offset=-0.6, linewidths=2, colors=["w"])
# Sub-plot 제목 지정
titles = ["(A): contourf()", "(B): plot_surface() + 2D contours"]
for ax, title in zip(axs, titles):
    # 시작할 때 바라보는 각도 지정
    ax.view_init(elev=20, azim=225) # 높이각: 20도, 좌우각: 225도
    ax.set_zlim(-0.6, 0.5) # Z축 범위 지정
    ax.set_title(title, pad=0)

# animation frame마다 적용되는 변화
def update(frame_number):
    axs[0].view_init(azim=225 + frame_number*2) # 좌우각 업데이트
    axs[1].view_init(azim=225 + frame_number*2) # 좌우각 업데이트

# animation 객체 생성
anim = FuncAnimation(
    fig,
    update,
    frames=720, # 초당 프레임(이미지) 개수
    interval=5, # 프레임과 프레임 시간 간격(밀리초), 기본값: 200ms
)

# animation을 mp4 동영상으로 저장
anim.save("animation_result.mp4", fps=24)
```

위 코드로 생성된 동영상은 다음과 같습니다.

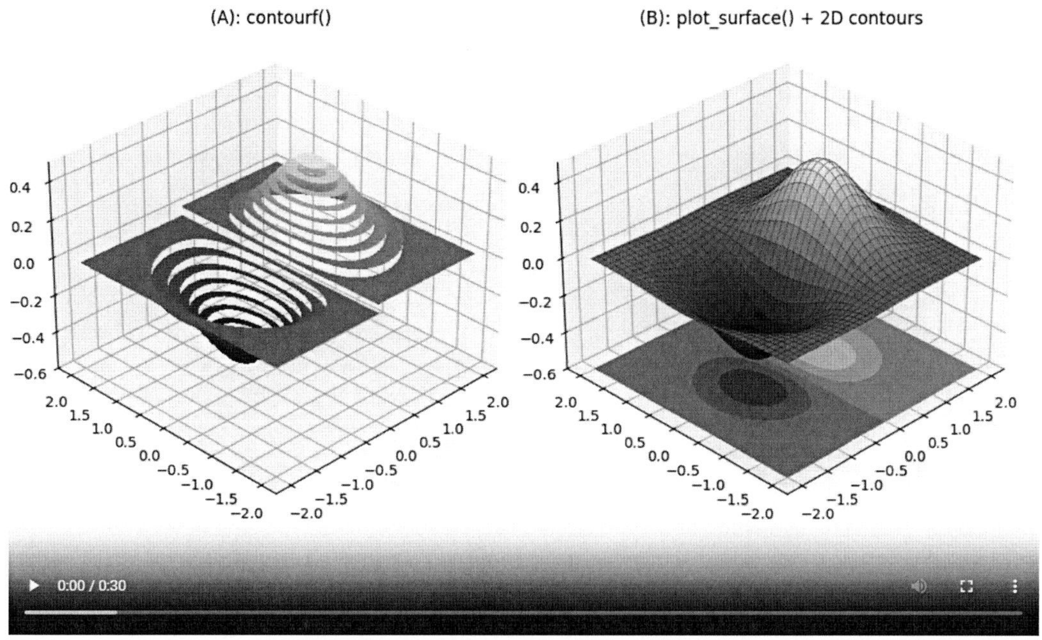

https://kafa46.github.io/python_applications/contents/files/ch05/animation_result.mp4

2.5.7 Realtime Plot 예제

Python에서 실시간 플롯을 생성하는 방법을 실습해 봅니다.

Matplotlib의 animation 모듈을 사용하여 데이터를 실시간으로 업데이트하는 방법을 설명합니다.

다음 코드는 Matplotlib을 사용하여 실시간 플롯을 생성하는 예제입니다.

```
import matplotlib.pyplot as plt
import matplotlib.animation as animation
import numpy as np

class RealTimePlot:
    def ____init____(self, data_gen_func, interval=10):
        self.data_gen_func = data_gen_func
        self.interval = interval
        self.fig, self.ax = plt.subplots()
        self.line, = self.ax.plot([], [], lw=2)
```

```
        self.xdata, self.ydata = [], []
        self.ani  =  animation.FuncAnimation(self.fig,  self.update,  self.data_gen_func,
        blit=False, interval=self.interval, init_func=self.init)

    def init(self):
        self.ax.set_ylim(-1.1, 1.1)
        self.ax.set_xlim(0, 10) self.xdata.clear()
        self.ydata.clear()
        self.line.set_data(self.xdata, self.ydata)
        return self.line,

    def update(self, data):
        t, y = data
        self.xdata.append(t)
        self.ydata.append(y)
        xmin, xmax = self.ax.get_xlim()

        if t >= xmax:
            self.ax.set_xlim(xmin, 2 * xmax)
            self.ax.figure.canvas.draw()
        self.line.set_data(self.xdata, self.ydata)
        return self.line,

    def show(self):
        plt.show()

# 데이터 생성 함수
def data_gen():
    t = data_gen.t # t 값을 data_gen1.t에서 가져옴
    cnt = 0
    while cnt < 1000:
        cnt += 1
        t += 0.1 # 시간 값을 증가시킴
        yield t, np.sin(2 * np.pi * t) * np.exp(-t / 10.)

data_gen.t = 0 # 시간 값을 증가시킴

# RealTimePlot 클래스 인스턴스 생성 및 플롯 표시
rt_plot = RealTimePlot(data_gen)
rt_plot.show()
```

코드 설명

- `RealTimePlot` 클래스
  - `__init__` 메서드 클래스 초기화. `data_gen_func`: 데이터 생성 함수, `interval`: 업데이트 간격 Matplotlib의 FuncAnimation을 사용하여 애니메이션을 초기화합니다.
  - `init` 메서드 플롯의 초기 상태를 설정 애니메이션 시작 전에 호출
  - `update` 메서드 새로운 데이터 포인트를 받아서 플롯을 업데이트 `x` 축의 범위를 넘어가면 `x` 축의 범위를 두 배로 증가
  - `show` 메서드 플롯을 화면에 표시

- 데이터 생성 함수 (`data_gen`): 새로운 데이터 포인트를 생성하는 제너레이터 함수 예제이서는 단순히 시뮬레이션된 사인 함수를 생성
  - `data_gen1.t`는 `data_gen` 함수 내에서 전역 변수처럼 사용되는 변수
  - 초기화: `data_gen1.t = 0`에서 초기 시간 값을 0으로 설정합니다.
  - 시간 증가: `t += 0.1` 코드에서 시간 값을 `0.1`씩 증가시킵니다.

- 연속 데이터 생성: `yield t, np.sin(2 * np.pi * t) * np.exp(-t / 10.)`에서 시간 값 `t`에 따라 감쇠 사인 곡선을 생성합니다.

2.6 도전 프로젝트

우리가 2.5 Realtime Plot 예제 에서 구현했던 실시간 플롯 소프트웨어를 업그레이드합니다.

1. 데이터 생성 함수를 하나 더 추가해 봅니다.
   - `data_gen2()` 함수는 0과 30 사이의 랜덤 숫자를 생성합니다.
2. 기존의 플롯 하단에 `data_gen2()` 함수가 생성하는 데이터를 보여줄 실시간 플롯을 추가합니다.

2.6.1 수정해야 할 부분들

- RealTimePlot 클래스 초기화 메서드 업그레이드

```
class RealTimePlot:
    def __init__(self, data_gen_func1, data_gen_func2, interval=10):
        self.data_gen_func1 = data_gen_func1
        self.data_gen_func2 = data_gen_func2
        self.interval = interval)
```

- RealTimePlot 클래스에서 플롯 개수 추가

```
self.fig, (self.ax1, self.ax2) = plt.subplots(2, 1)
self.line1, = self.ax1.plot([], [], lw=2)
self.line2, = self.ax2.plot([], [], lw=2)

self.xdata1, self.ydata1 = [], []
self.xdata2, self.ydata2 = [], []

self.ani1 = animation.FuncAnimation(self.fig, self.update1,
self.data_gen_func1, blit=False, interval=self.interval, init_func=self.init1)

self.ani2 = animation.FuncAnimation(self.fig, self.update2,
self.data_gen_func2, blit=False, interval=self.interval, init_func=self.init2)
```

- RealTimePlot 입력 데이터 초기화 메서드를 추가

```
def init1(self):
    self.ax1.set_ylim(-1.1, 1.1)
    self.ax1.set_xlim(0, 10) self.xdata1.clear()
    self.ydata1.clear()
    self.line1.set_data(self.xdata1, self.ydata1)
    return self.line1,

def init2(self):
    self.ax2.set_ylim(0, 30)
    self.ax2.set_xlim(0, 10) self.xdata2.clear()
    self.ydata2.clear()
    self.line2.set_data(self.xdata2, self.ydata2)
    return self.line2,
```

• RealTimePlot 업데이트 메서드를 추가

```
def update1(self, data):
    t, y = data
    self.xdata1.append(t)
    self.ydata1.append(y)
    xmin, xmax = self.ax1.get_xlim()

    if t >= xmax:
        self.ax1.set_xlim(xmin, 2 * xmax)
        self.ax1.figure.canvas.draw()
    self.line1.set_data(self.xdata1, self.ydata1)
    return self.line1,

def update2(self, data):
    t, y = data
    self.xdata2.append(t)
    self.ydata2.append(y)
    xmin, xmax = self.ax2.get_xlim()

    if t >= xmax:
        self.ax2.set_xlim(xmin, 2 * xmax)
        self.ax2.figure.canvas.draw()
    self.line2.set_data(self.xdata2, self.ydata2)
    return self.line2,
```

• 데이터 생성 함수 추가

```
# 데이터 생성 함수 1: 감쇠 사인 곡선
def data_gen1():
    t = data_gen1.t
    cnt = 0
    while cnt < 1000:
        cnt += 1
        t += 0.1
        yield t, np.sin(2 * np.pi * t) * np.exp(-t / 10.)

data_gen1.t = 0

# 데이터 생성 함수 2: 랜덤 숫자
def data_gen2():
    t = data_gen2.t
    cnt = 0
    while cnt < 1000:
        cnt += 1
        t += 0.1
        yield t, random.uniform(0, 30)

data_gen2.t = 0
```

- `RealTimePlot` 객체 생성 및 실행

```
rt_plot = RealTimePlot(data_gen1, data_gen2)
rt_plot.show()
```

정답은 여기를 클릭해 주세요.

제 3 장

GUI 애플리케이션

소개

GUI(Graphic User Interface) 애플리케이션은 사용자가 그래픽 인터페이스를 통해 컴퓨터와 상호작용할 수 있도록 설계된 프로그램입니다. 이러한 애플리케이션은 마우스 클릭, 아이콘, 메뉴 및 윈도우를 사용하여 작업을 수행합니다. 주요 요소로는 버튼, 텍스트 박스, 드롭다운 메뉴 등이 있으며, 사용자는 이러한 요소를 사용하여 쉽게 프로그램 기능을 사용할 수 있습니다. GUI 애플리케이션은 사용자 경험을 향상시키고, 사용자가 프로그램을 직관적으로 사용할 수 있도록 도와줍니다.

우리는 이번 장에서 Python `tkinter` 패키지를 이용해 GUI 애플리케이션을 구현할 예정입니다.

Fig. 3.1 GUI 프로그래밍을 통해 User는 소프트웨어를 직관적으로 사용할 수 있습니다.

본격적인 애플리케이션 구현에 앞서 GUI에 대한 이해를 돕기 위한 내용을 살펴보도록 하겠습니다.

GUI 애플리케이션의 주요 특징은 다음과 같습니다.

- 시각적 인터페이스: 그래픽 요소를 사용하여 직관적인 상호작용을 제공
- 사용 용이성: 클릭, 드래그 앤 드롭 등의 간단한 동작으로 기능을 수행
- 피드백 제공: 사용자의 입력에 대해 즉각적인 시각적 피드백을 제공
- 일관성: 공통적인 디자인 패턴과 요소로 구성되어 사용자가 다양한 프로그램을 쉽게 익힐 수 있음

대표적인 GUI 애플리케이션은 다음과 같습니다.

애플리케이션	예시
웹 브라우저	Google Chrome, Mozilla Firefox
문서 작성 프로그램	Microsoft Word, Google Docs
미디어 플레이어	VLC Media Player, Windows Media Player
그래픽 편집기	Adobe Photoshop, GIMP
이메일 클라이언트	Microsoft Outlook, Mozilla Thunderbird

GUI 프로그래밍이란?

GUI 프로그래밍이란 그래픽 사용자 인터페이스(GUI)를 사용하는 애플리케이션을 개발하는 프로세스를 말합니다. 이는 사용자가 텍스트 기반 명령어 입력 대신 마우스 클릭, 드래그 앤 드롭 등의 시각적 요소를 통해 프로그램과 상호작용할 수 있도록 하는 프로그래밍 방식입니다.

주요 요소

1. **위젯**(Widgets): 버튼, 텍스트 박스, 체크박스 등 사용자와 상호작용할 수 있는 그래픽 요소들.
2. **이벤트**(Event): 사용자의 행동(예: 클릭, 입력)에 대한 반응.
3. **레이아웃**(Layout): 위젯들이 배치되는 방식.
4. **그래픽 라이브러리**(Graphics Library): GUI 요소들을 생성하고 관리하는 데 사용되는 라이브러리(예: Qt, GTK, Swing).

주요 GUI 프로그래밍 언어 및 프레임워크

1. Python: Tkinter, PyQt, Kivy
2. Java: Swing, JavaFX
3. C++: Qt, wxWidgets
4. JavaScript: Electron, React Native
5. C#: Windows Forms, WPF

GUI 프로그래밍의 과정

1. **디자인**: 사용자 인터페이스의 레이아웃과 기능을 설계
2. **구현**: 선택한 프로그래밍 언어와 라이브러리를 사용하여 GUI를 코딩
3. **이벤트 처리**: 사용자 입력에 대한 응답을 정의
4. **테스트**: 다양한 사용자 시나리오를 테스트하여 오류 수정
5. **배포**: 최종 애플리케이션을 사용자에게 배포

Python과 GUI 프로그래밍

Python은 다양한 라이브러리와 프레임워크를 통해 GUI 애플리케이션을 개발하는 데 매우 적합한 언어입니다. Python의 간결한 문법과 강력한 기능은 개발자들이 직관적이고 사용하기 쉬운 그래픽 사용자 인터페이스를 빠르게 만들 수 있게 합니다.

주요 GUI 라이브러리 및 프레임워크

■ Tkinter

- **특징**: Python 표준 라이브러리로 제공되는 GUI 도구킷. 간단한 GUI 애플리케이션을 만들기에 적합
- **장점**: 사용이 간편하고, Python에 기본 포함되어 있어 추가 설치가 필요 없음
- **단점**: 복잡한 GUI를 만들기에는 한계가 있음

- **예제**

```
import tkinter as tk

root = tk.Tk()
root.title("Hello Tkinter")

label = tk.Label(root, text="Hello, World!") label.pack()

root.mainloop()
```

PyQt

- **특징**: Qt 프레임워크를 바탕으로 한 Python 바인딩. 복잡하고 강력한 GUI 애플리케이션 개발에 적합
- **장점**: 풍부한 위젯과 강력한 기능 제공
- **단점**: 비교적 복잡하고, 상용 라이선스 필요
- **예제**

```
from PyQt5.QtWidgets import QApplication, QLabel, QWidget

app = QApplication([])

window = QWidget()
window.setWindowTitle('Hello PyQt') layout = QVBoxLayout()
label = QLabel('Hello, World!') layout.addWidget(label)
window.setLayout(layout) window.show()

app.exec_()
```

Kivy

- **특징**: 터치 인터페이스를 포함한 멀티터치 스마트폰 애플리케이션을 개발할 수 있는 라이브러리
- **장점**: 멀티터치 지원, 크로스 플랫폼 지원
- **단점**: 설치와 초기 설정이 복잡

- 예제

```
from kivy.app import App
from kivy.uix.label import Label

class MyApp(App):
    def build(self):
        return Label(text='Hello, World!')

if __name__ == '__main__':
    MyApp().run()
```

3.1 Tkinter 기초

Tkinter는 Python의 표준 GUI 라이브러리로, 간단한 그래픽 사용자 인터페이스 애플리케이션을 개발하는 데 사용됩니다. Tkinter는 Python에 기본적으로 포함되어 있어 별도의 설치가 필요 없으며, 사용하기 쉽고 배우기 간편합니다.

Tkinter는 학습 곡선이 낮아 Python으로 GUI 프로그래밍을 시작하려는 초보자에게 적합합니다. 우리도 Tkinter를 이용해 학습을 진행할 것입니다.

3.1.1 설치

Tkinter는 Python 표준 라이브러이므로 별도의 설치가 필요 없습니다.

3.1.2 주요 특징

- 간편한 사용: Python 표준 라이브러리로 제공되며, 추가 설치 없이 바로 사용 가능.
- 직관적인 인터페이스: 간단한 코드로 GUI 요소를 만들 수 있음.
- 경량성: 복잡하지 않은 애플리케이션에 적합.

3.1.3 구성요소

Tkinter Windows

애플리케이션을 표현할 윈도우 창을 의미합니다.

tkinter.Tk 클래스의 객체를 생성하면 하나의 윈도우 객체가 생성됩니다.

```
import tkinter as tk

# 윈도우 객체 생성
window = tk.Tk()

# 메인 루프 실행
window.mainloop()
```

실행 결과

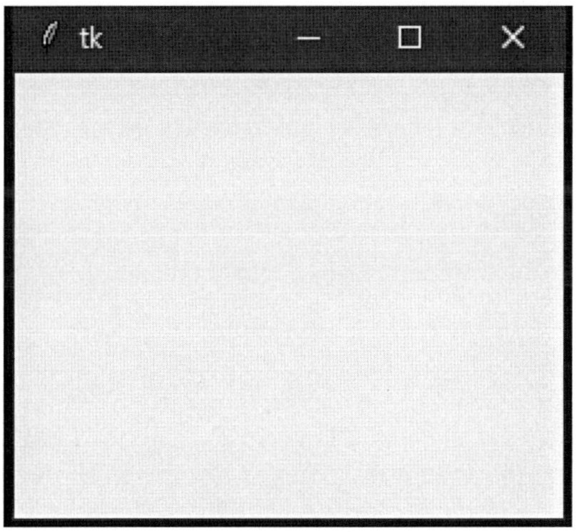

Fig. 3.2 단순히 윈도우만 생성한 경우

윈도우 객체는 다양한 메서드를 사용할 수 있습니다.

- `title()`: 윈도우 창 이름(제목)
- `geometry(str)`: 메서드를 사용하여 생성될 때 크기를 지정("가로×세로+x좌표+y좌표")
- `resiable(bool, bool)`: 사용자의 창 크기 변경 허용 여부(가로, 세로)

윈도우 이름, 시작할 때 크기를 지정하는 예제

```
import tkinter as tk

# 윈도우 객체 생성
window = tk.Tk()

window.title("cju test")

# 윈도우 크기 지정 -> 가로 800 픽셀, 세로: 500 픽셀
# 윈도우 위치 지정 -> x 위치: 200 픽셀, y 위치: 300 픽셀
window.geometry('800x500+200+300')

# 메인 루프 실행
window.mainloop()
```

실행 결과

Fig. 3.3 윈도우의 제목, 크기, 위치를 설정한 경우

Tkinter Widgets

Tkinter 위젯은 모든 Tkinter 기반 GUI 애플리케이션의 기능 단위입니다.

Python에서 Tkinter 모듈을 사용할 때 첫 번째 단계는 Window 객체를 만드는 것입니다.

Window 객체를 만든 후에는 Tkinter 위젯(widgets)을 창에 추가할 수 있습니다.

사용자 인터페이스를 만드는 데 직접 사용할 수 있는 다양한 준비된 Tkinter 위젯이 있습니다.

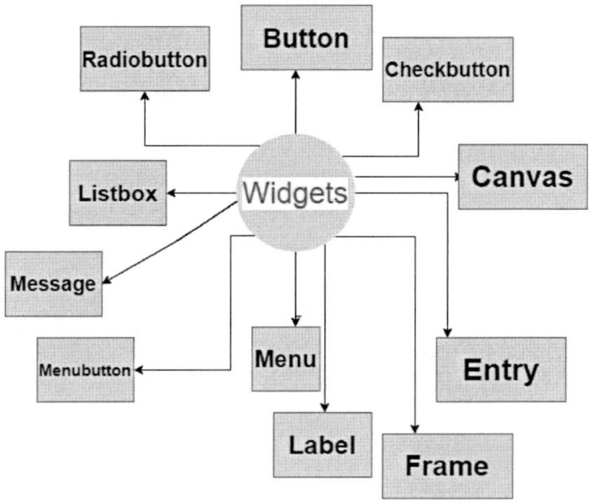

Fig. 3.4 Tkinter 주요 위젯 (출처: Studytonight)

Python Tkinter 모듈에서 사용할 수 있는 19개의 위젯이 있습니다.

다음 표에는 기본 설명과 함께 모든 위젯이 나열되어 있습니다.

Widget	Description
Button	클릭 가능한 버튼으로, 사용자가 클릭하여 동작을 수행
Canvas	그래픽, 텍스트 등 복잡한 레이아웃을 그리기 위한 위젯
CheckButton	체크박스로 여러 옵션을 표시하며, 여러 개 선택 가능
Entry	사용자 입력을 받는 단일 행 텍스트 필드
Frame	다른 위젯들을 그룹화하고 조직하는 컨테이너
Label	다른 위젯에 단일 행 캡션을 제공, 이미지를 포함할 수 있음
Listbox	사용자에게 여러 옵션을 제공하는 리스트 박스
Menu	사용자에게 다양한 명령을 제공하는 메뉴 위젯
Menubutton	사용자가 메뉴 항목을 볼 수 있도록 하는 메뉴 버튼 위젯
Message	사용자에게 메시지 박스를 표시하는 위젯으로, 기본적으로 편집할 수 없는 다중 행 텍스트
Radiobutton	여러 옵션을 라디오 버튼으로 표시하며, 한 번에 하나만 선택 가능
Scale	그래픽 슬라이더로, 눈금에서 값을 선택할 수 있음
Scrollbar	창을 위아래로 스크롤할 수 있는 스크롤바

Widget	Description
Text	사용자가 텍스트를 입력하거나 편집할 수 있는 다중 행 텍스트 필드
Toplevel	별도의 창 컨테이너를 제공하는 위젯
SpinBox	고정된 숫자 값 세트를 선택하여 값을 입력할 수 있는 위젯
PanedWindow	여러 창들을 처리하기 위한 컨테이너 위젯으로, 창들은 수평 또는 수직으로 배열 가능
LabelFrame	복잡한 위젯을 처리하기 위한 컨테이너 위젯으로, 레이블과 테두리를 포함
MessageBox	데스크탑 애플리케이션에서 메시지를 표시하는 위젯

출처: Studytonight

3.1.4 Tkinter로 만들 수 있는 것들

Tkinter는 파이썬을 이용해 간단한 GUI 애플리케이션을 제작하기 위한 라이브러리이므로 복잡하거나 화려한 GUI 프로그램을 구현하기는 어렵습니다. 그러나 기능 위주의 간단한 애플리케이션은 얼마든지 만들 수 있습니다.

Tkinter로 구현할 수 있는 간단한 애플리케이션은 다음과 같습니다.

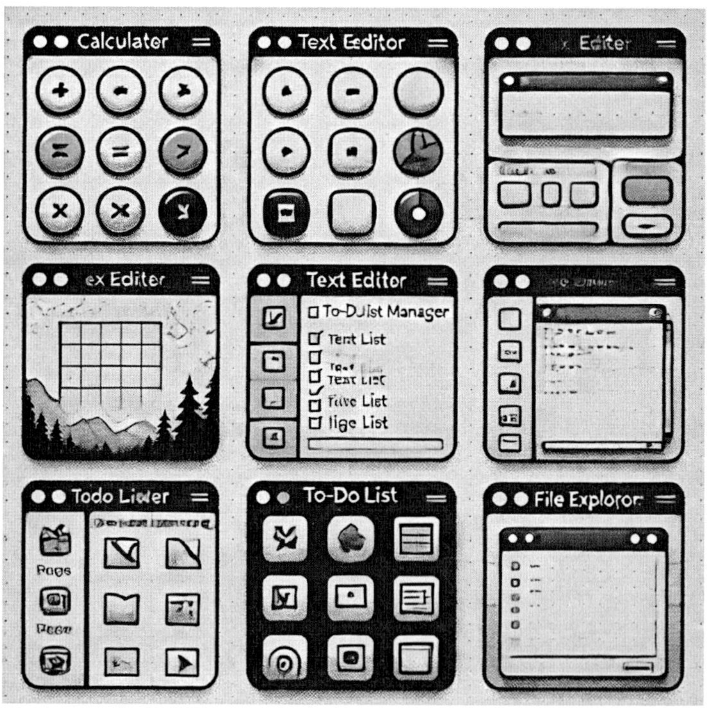

Fig. 3.5 Tkinter로 만들 수 있는 간단한 애플리케이션

애플리케이션	설명
계산기	기본적인 산술 연산을 수행할 수 있는 간단한 계산기 애플리케이션
텍스트 에디터	메모장과 유사한 텍스트 편집 기능을 제공하는 애플리케이션
할 일 목록 관리 앱	사용자들이 할 일을 추가, 삭제 및 정리할 수 있는 애플리케이션
이미지 뷰어	사용자가 이미지를 탐색하고 볼 수 있는 간단한 이미지 뷰어
파일 탐색기	파일 및 폴더를 탐색하고 관리할 수 있는 애플리케이션

3.1.5 Geometry Manager

Tkinter는 부모 윈도우 내에서 모든 위젯을 조직, 배열 및 배치하기 위한 기하학적 구성을 제공합니다. GUI 애플리케이션 레이아웃은 주로 Tkinter의 `Geometric Managers`에 의해 제어됩니다.

각 윈도우와 프레임은 하나의 기하학적 관리자를 사용할 수 있습니다. 또한, 서로 다른 프레임은 다른 기하학적 관리자를 사용할 수 있습니다. 기하학적 관리자의 주요 방법은 다음 세 가지입니다:

- `pack()`: 윈도우, 프레임 내에서 위젯의 순서를 할당
- `grid()`: 격자를 생성하여 위젯을 순서대로 할당
- `place()`: 프로그래머가 위젯 위치를 명시적으로 지정

3.1.5.1 pack() 매니저

pack() 옵션 없이 3개 위젯을 쌓는 예제

```
import tkinter as tk

win = tk.Tk()
win.title('cju python')
window.geometry('800x500+200+300')

# add an orange frame
frame1 = tk.Frame(master=win, width=100, height=100, bg="orange")
frame1.pack()

# add blue frame
frame2 = tk.Frame(master=win, width=50, height=50, bg="blue")
frame2.pack()

# add green frame
frame3 = tk.Frame(master=win, width=25, height=25, bg="green")
frame3.pack()

window.mainloop()
```

실행 결과

Fig. 3.6 파라미터 설정 없이 pack( ) 실행한 결과

pack() 옵션을 사용하여 3개 위젯을 쌓는 예제

```
import tkinter as tk

win= tk.Tk()

frame1 = tk.Frame(master=win, height=80, bg="red")
# adding the fill argument with
# horizontal fill value
frame1.pack(fill=tk.X)

frame2 = tk.Frame(master=win, height=50, bg="yellow")
frame2.pack(fill=tk.X)

frame3 = tk.Frame(master=win, height=40, bg="blue")
frame3.pack(fill=tk.X)

win.mainloop()
```

실행 결과

Fig. 3.7 파라미터 사용하여 pack( ) 실행한 결과

3.1.5.2 grid() 매니저

5×3 grid 프레임을 만드는 예제

```
import tkinter as tk

win = tk.Tk()
win.title('cju python')

for i in range(5):
    for j in range(3):
        frame = tk.Frame(
            master = win,
            relief = tk.RAISED,
            borderwidth = 1
        )
        frame.grid(row=i, column=j)
        label = tk.Label(master=frame, text=f"Row {i}\nColumn {j}")
        label.pack()

win.mainloop()
```

실행 결과

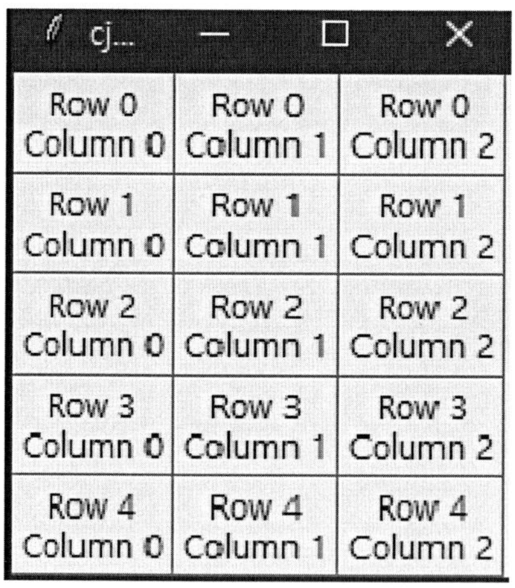

Fig. 3.8 파라미터 사용하지 않고 grid 생성

패딩(padx, pady) 파라미터를 사용하여 5 × 3 grid 프레임을 만드는 예제

```
import tkinter as tk

win = tk.Tk()

for i in range(5):
    for j in range(3):
        frame = tk.Frame(
            master=win,
            relief=tk.RAISED,
            borderwidth=1
        )
        frame.grid(row=i, column=j, padx=5, pady=5)
        label = tk.Label(master=frame, text=f"Row {i}\nColumn {j}")
        label.pack()

win.mainloop()
```

실행 결과

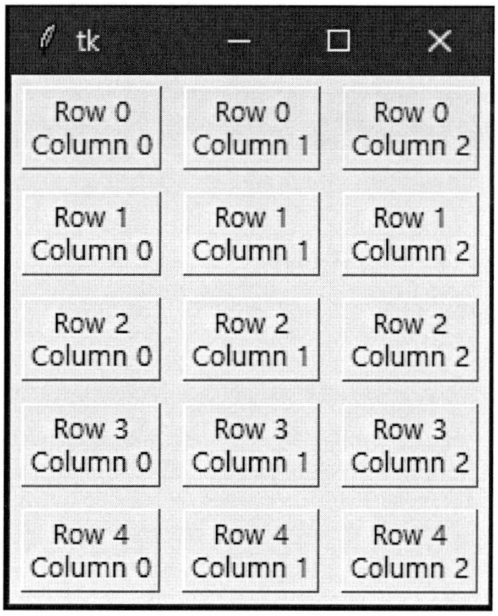

Fig. 3.9 파라미터 사용하지 않고 grid 생성

6.1.5.3 place() 매니저

```
from tkinter import *

# 윈도우 객체 생성 및 크기 지정
top = Tk()
top.geometry("400x250")

# Label (글자) 객체 생성
Username = Label(top, text = "Username").place(x = 30,y = 50)
email = Label(top, text = "Email").place(x = 30, y = 90)
password = Label(top, text = "Password").place(x = 30, y = 130)

# Entry (입력) 객체를 생성하고 위치를 직접 지정
e1 = Entry(top).place(x = 80, y = 50)
e2 = Entry(top).place(x = 80, y = 90)
e3 = Entry(top).place(x = 95, y = 130)

# 메인 루프 실행
top.mainloop()
```

실행 결과

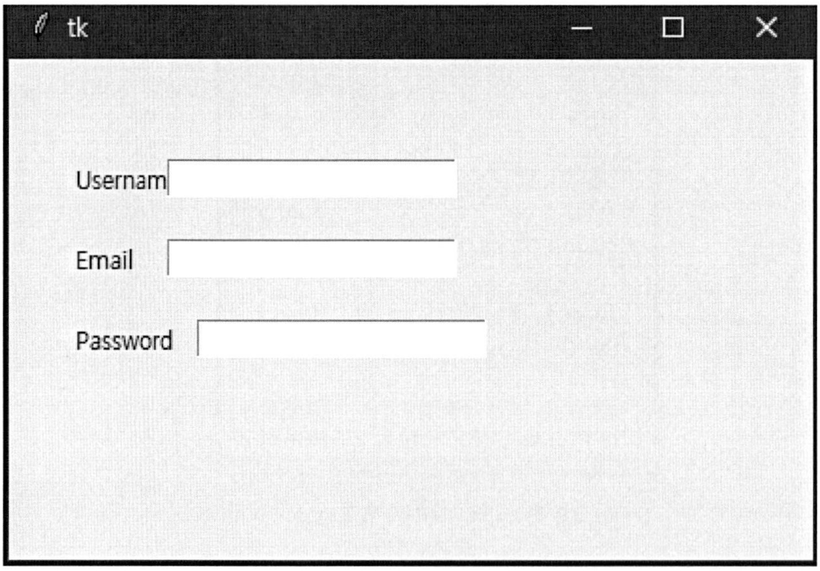

Fig. 3.10 파라미터 사용하지 않고 grid 생성

3.2 기본 GUI 애플리케이션

3.2.1 윈도우 생성 및 텍스트 입력(Label) 객체 추가

Tkinter 라이브러리를 사용하여 기본 윈도우를 만들고, "Hello, World!" 텍스트가 표시된 레이블을 추가한 후, 메인 이벤트 루프를 실행하여 윈도 우를 표시해 봅니다.

```
import tkinter as tk

# 메인 윈도우 생성
window = tk.Tk()
window.title("Tkinter 기본 앱")
window.geometry('500x300+200+200')

# 레이블 추가
label = tk.Label(root, text="Hello, World!")
label.pack()

# 메인 루프 실행
window.mainloop()
```

실행 결과

Fig. 3.11 텍스트 입력(Label) 객체 추가하여 실행한 결과

3.2.2 텍스트 입력(Entry) 객체 추가

Tkinter로 간단한 앱을 만들고 다양한 위젯을 추가하는 예제입니다.

기존 앱에 텍스트 입력 객체를 추가하고 pack() 메서드를 이용하여 Label 객체 아래에 추가하고 패딩을 설정해 줍니다.

```
import tkinter as tk

# 메인 윈도우 생성
window = tk.Tk()
window.title("Tkinter 기본 앱")
window.geometry('500x300+200+200')

# 레이블 추가 및 위치 지정
label = tk.Label(window, text="Hello, Tkinter!")
label.pack(padx=10, pady=10)  # pack() 메서드 사용, 패딩 추가

# 텍스트 입력 필드 추가
entry = tk.Entry(window)
entry.pack(padx=10, pady=10) # pack() 메서드 사용, 패딩 추가

# 메인 루프 실행
window.mainloop()
```

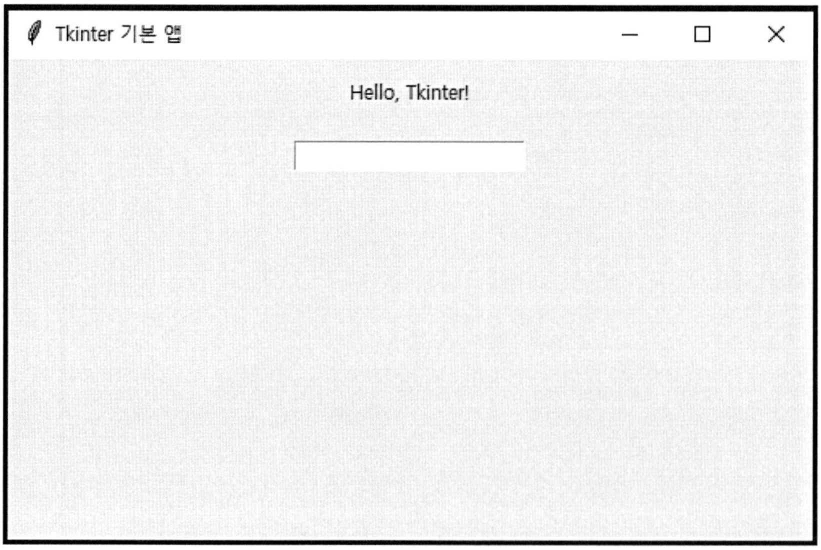

Fig. 3.12 텍스트 입력(Entry) 객체를 추가하여 실행한 결과

3.2.3 클릭 버튼(Button) 및 체크박스(BooleanVar)객체 추가

기존 앱에 버튼을 축하고 패딩을 줍니다.

```
import tkinter as tk

# 메인 윈도우 생성
window = tk.Tk()
window.title("Tkinter 기본 앱")
window.geometry('500x300+200+200')

# 레이블 추가 및 위치 지정
label = tk.Label(window, text="Hello, Tkinter!")
label.pack(padx=10, pady=10)  # pack() 메서드 사용, 패딩 추가

# 텍스트 입력 필드 추가
entry = tk.Entry(window)
entry.pack(padx=10, pady=10) # pack() 메서드 사용, 패딩 추가

# 버튼이 클릭되었을 때 수행할 작업 정의
def on_button_click():
    '''모니터에 입력 내용을 간단히 출력하여 작동 여부 확인'''
    print(f"버튼이 클릭되었습니다! 입력 내용:{entry.get()}")

# 버튼 추가
button = tk.Button(window, text="Click Me!", command=on_button_click)
button.pack(padx=10, pady=10) # pack() 메서드 사용, 패딩 추가

# 체크박스 추가
checkbox_var = tk.BooleanVar()
checkbox = tk.Checkbutton(window, text="Check me", variable=checkbox_var)
checkbox.pack(padx=10, pady=10) # pack() 메서드 사용, 패딩 추가

# 메인 루프 실행
window.mainloop()
```

실행 결과

텍스트 입력란(Entry 객체)에 글자를 입력합니다.

버튼(Button 객체)를 클릭했을 때, 모니터(콘솔)에 내용이 출력되는지 확인합니다.

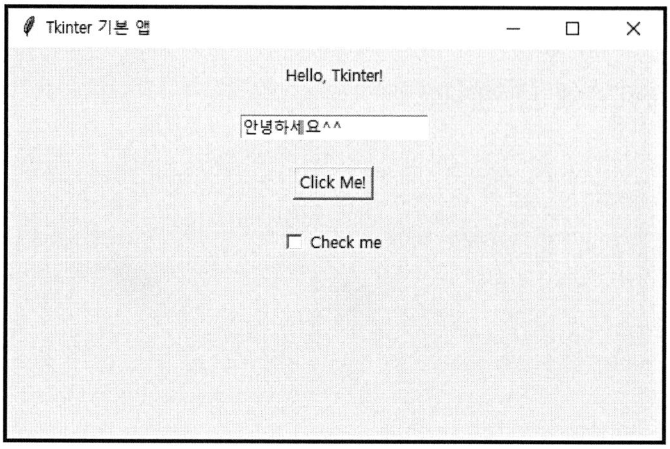

Fig. 3.13 버튼, 체크박스 객체 추가하여 실행한 결과

3.3 계산기 애플리케이션

지금까지 배운 내용을 활용하여 간단한 계산기를 만들어 봅니다. 계산기는 더하기(+) 기능만 구현할 것입니다.

계산기 애플리케이션이 실행되면 아래 그림과 같이 만드는 것이 목표입니다.

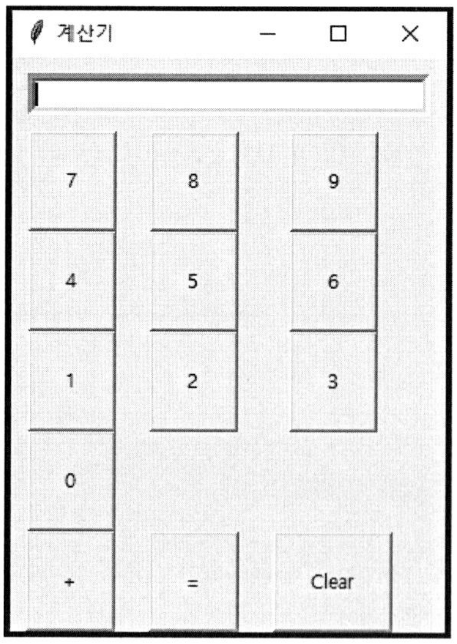

Fig. 3.14 목표로 하는 간단한 계산기 애플리케이션 UI

샘플 코드는 다음과 같습니다.

```
import tkinter as tk

# 버튼 클릭 시 동작을 정의하는 함수

# 숫자 버튼을 클릭했을 때
def button_click(number):
    current = entry.get()
    entry.delete(0, tk.END)
    entry.insert(0, current + str(number))

# "Clear" 버튼을 클릭했을 때
def button_clear():
    entry.delete(0, tk.END)

# "=" 버튼을 클릭했을 때
def button_equal():
    try:
        # 내장함수 eval()에 대한 내용은 아래 링크를 참고하세요.
        #  -> https://docs.python.org/ko/3/library/functions.html#eval
        result = str(eval(entry.get()))
        entry.delete(0, tk.END)
        entry.insert(0, result)
    except:
        entry.delete(0, tk.END)
        entry.insert(0, "Error")

# 메인 윈도우 생성
window = tk.Tk()
window.title("계산기")

# 텍스트 입력 필드 추가
entry = tk.Entry(window, width=35, borderwidth=5)
entry.grid(row=0, column=0, columnspan=4, padx=10, pady=10)

# 버튼 추가
button_1 = tk.Button(window, text="1", padx=20, pady=20, command=lambda: button_click(1))
button_2 = tk.Button(window, text="2", padx=20, pady=20, command=lambda: button_click(2))
button_3 = tk.Button(window, text="3", padx=20, pady=20, command=lambda: button_click(3))
button_4 = tk.Button(window, text="4", padx=20, pady=20, command=lambda: button_click(4))
button_5 = tk.Button(window, text="5", padx=20, pady=20, command=lambda: button_click(5))
button_6 = tk.Button(window, text="6", padx=20, pady=20, command=lambda: button_click(6))
button_7 = tk.Button(window, text="7", padx=20, pady=20, command=lambda: button_click(7))
button_8 = tk.Button(window, text="8", padx=20, pady=20, command=lambda: button_click(8))
button_9 = tk.Button(window, text="9", padx=20, pady=20, command=lambda: button_click(9))
button_0 = tk.Button(window, text="0", padx=20, pady=20, command=lambda: button_click(0))
```

```
button_add = tk.Button(window, text="+", padx=20, pady=20, command=lambda: button_click("+"))
button_equal = tk.Button(window, text="=", padx=20, pady=20, command=button_equal)
button_clear = tk.Button(window, text="Clear", padx=20, pady=20, command=button_clear)

# 버튼을 그리드에 배치
button_1.grid(row=3, column=0)
button_2.grid(row=3, column=1)
button_3.grid(row=3, column=2)
button_4.grid(row=2, column=0)
button_5.grid(row=2, column=1)
button_6.grid(row=2, column=2)
button_7.grid(row=1, column=0)
button_8.grid(row=1, column=1)
button_9.grid(row=1, column=2)
button_0.grid(row=4, column=0)

button_add.grid(row=5, column=0)
button_equal.grid(row=5, column=1)
button_clear.grid(row=5, column=2)

# 메인 루프 실행
window.mainloop()
```

3.4 고급 기능 맛보기

Tkinter는 애플리케이션에 메뉴 추가하는 기능을 지원합니다. 메뉴를 추가하기 위해서는 `Memu` 객체를 사용합니다.

`tk.Menu.add_command()` 메서드를 이용하여 다양한 메뉴를 추가할 수 있습니다. 추가된 메뉴에는 별도의 함수를 만들어서 등록할 수 있습니다.

`tkinter.messagebox.showinfo()` 메서드를 이용하면 메시지 박스를 띄울 수 있습니다.

`tkinter.filedialog` 모듈을 이용하면 파일을 불러오거나 저장하는 기능을 구현할 수 있습니다.

계산기 애플리케이션이 실행되면 아래 그림과 같이 만드는 것이 목표입니다.

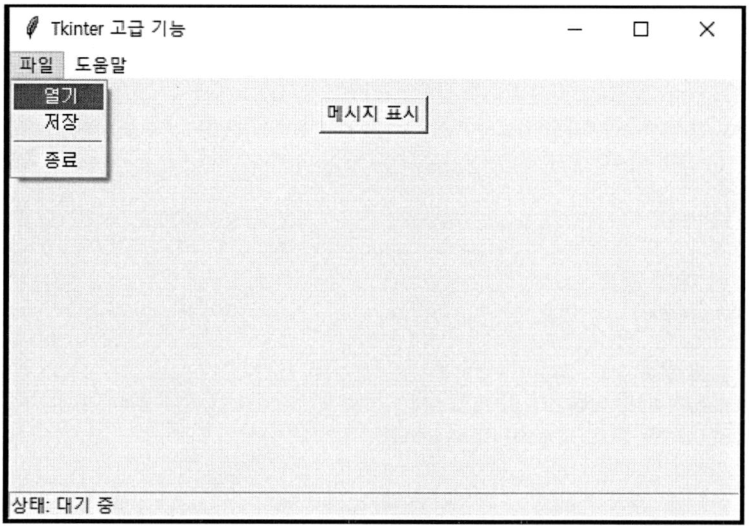

Fig. 3.15 메뉴, 상태 표시줄이 적용된 계산기 애플리케이션 UI

다음 예제를 통해 실습해 보겠습니다.

```
import tkinter as tk
from tkinter import messagebox, filedialog

# 버튼 클릭 시 메시지 박스 표시 함수
def show_message():
    messagebox.showinfo("메시지", "버튼이 클릭되었습니다!")

# 파일 열기 함수
def open_file():
    filepath = filedialog.askopenfilename()
    if filepath:
        messagebox.showinfo("파일 선택", f"선택한 파일: {filepath}")

# 파일 저장 함수
def save_file():
    filepath = filedialog.asksaveasfilename(
        defaultextension=".txt",
        filetypes=[("텍스트 파일", "*.txt"), ("모든 파일", "*.*")]
    )
    if filepath:
        with open(filepath, 'w') as f:
            f.write("이 파일은 Tkinter로 저장되었습니다.")
        messagebox.showinfo("파일 저장", f"파일이 저장되었습니다: {filepath}")
```

```
# 메인 윈도우 생성
window = tk.Tk()
window.title("Tkinter 고급 기능")
window.geometry('500x300+200+200')

# 메뉴 객체 생성
menu = tk.Menu(window)

# 윈도우에 생성된 메뉴 등록
window.config(menu=menu)

# 파일 관련 메뉴 목록과 함수 등록
file_menu = tk.Menu(menu, tearoff=0)
menu.add_cascade(label="파일", menu=file_menu)
file_menu.add_command(label="열기", command=open_file)
file_menu.add_command(label="저장", command=save_file)
file_menu.add_separator()
file_menu.add_command(label="종료", command=window.quit)

# 도움말 관련 메뉴 등록과 함수 등록
help_menu = tk.Menu(menu, tearoff=0)
menu.add_cascade(label="도움말", menu=help_menu)
help_menu.add_command(label="정보", command=lambda: messagebox.showinfo("정보", "Tkinter
고급 기능 예제"))

# 상태 표시줄 추가
status = tk.Label(
    window, # 상태 표시줄을
    text="상태: 대기 중",
    bd=1, # 경계선 굵기
    relief=tk.SUNKEN, # 상태 표시줄 표시 방법,
    # SUNKEN: 움푹 들어간 형태,
    # FLAT: 다른 객체와 동일, # RAISED: 돌출된 모양,
    # GROOVE: 테두리 모양으로 구분
    anchor=tk.W # west(왼쪽) 정렬
)
status.pack(
    side=tk.BOTTOM, # 객체 위치
    # BOTTOM: 바닥에 배치,
    # TOP: 상단 배치,
    # LEFT: 왼쪽 배치,
    # RIGHT: 오른쪽 배치
    fill=tk.X, # fill: 사용되지 않는 공간으로 늘이기
    # X: X축으로 가득 채우기(수평으로만 늘이기)
    # Y: Y축으로 가득 채우기(수직으로만 늘이기)
    # BOTH: 가능한 모든 공간으로 늘이기
    # NONE: 늘이지 않기 (원래 크기 유지)
)
```

```
# 버튼 추가
button = tk.Button(window, text="메시지 표시", command=show_message)
button.pack(padx=10, pady=10)

# 메인 루프 실행
window.mainloop()
```

3.5 메모장 애플리케이션 만들기

지금까지 배운 내용을 바탕으로 메모장(Notepad) 앱을 만들어 보겠습니다.

메모장에는 텍스트를 입력할 수 있는 `tk.Text` 객체를 추가하는 작업이 필요합니다. 나머지 코드는 이전에 공부한 내용과 동일합니다.

계산기 애플리케이션이 실행되면 아래 그림과 같이 만드는 것이 목표입니다.

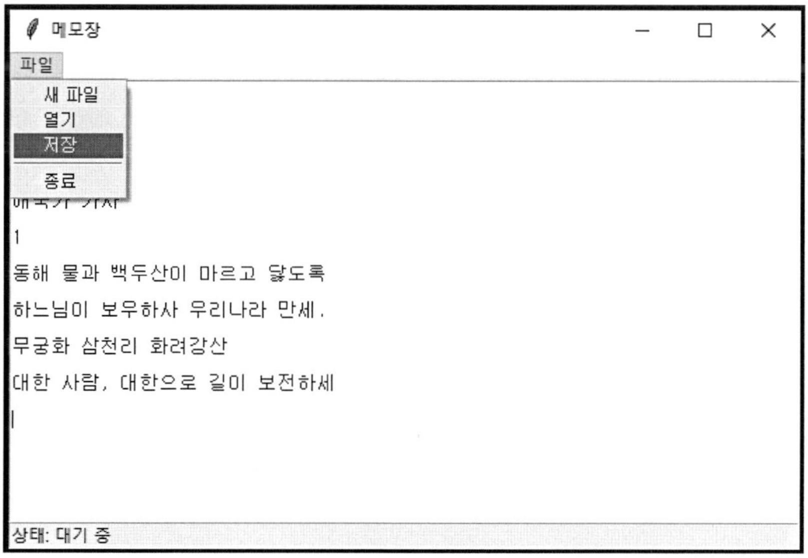

Fig. 3.16 새파일, 저장, 불러오기 기능이 가능한 메모장 앱

다음 코드를 참고하여 메모장을 프로그램을 완성해 보세요.

```python
import tkinter as tk
from tkinter import filedialog, messagebox

def new_file():
    text_area.delete(1.0, tk.END)

def open_file():
    file_path = filedialog.askopenfilename()
    if file_path:
        with open(file_path, 'r') as
            file: text_area.delete(1.0, tk.END)
            text_area.insert(tk.END, file.read())

def save_file():
    file_path = filedialog.asksaveasfilename(
        defaultextension=".txt",
        filetypes=[("텍스트 파일", "*.txt"), ("모든 파일", "*.*")]
    )
    if file_path:
        with open(file_path, 'w') as file:
            file.write(text_area.get(1.0, tk.END))
        messagebox.showinfo("저장 완료", f"파일이 저장되었습니다: {file_path}")

# 메인 윈도우 생성
window = tk.Tk()
window.title("메모장")

# 메뉴 추가
menu = tk.Menu(window)
window.config(menu=menu)

file_menu = tk.Menu(menu, tearoff=0)
menu.add_cascade(label="파일", menu=file_menu)
file_menu.add_command(label="새 파일", command=new_file)
file_menu.add_command(label="열기", command=open_file)
file_menu.add_command(label="저장", command=save_file)
file_menu.add_separator()
file_menu.add_command(label="종료", command=window.quit)

# 텍스트 영역 추가
text_area = tk.Text(window, wrap=tk.WORD)
text_area.pack(expand=1, fill=tk.BOTH)

# 상태 표시줄 추가
status = tk.Label(window, text="상태: 대기 중", bd=1, relief=tk.SUNKEN, anchor=tk.W)
status.pack(side=tk.BOTTOM, fill=tk.X)

# 메인 루프 실행
window.mainloop()
```

3.6 도전 프로젝트

메모장 앱 기능을 확장해 봅니다.

참고 코드 없이 프로젝트에 도전해 보세요 ^^.

아래에 제시된 **힌트**를 적절히 활용한다면 쉽게 해결할 수 있습니다.

직접 고민하고 검색하는 과정에서 많은 것을 배울 수 있습니다!

너무 어렵다면 참고 코드 여기를 클릭해 주세요.

3.6.1 편집 → 찾기 메뉴 등록

메모장에서 편집 메뉴를 만들고, 편집 하부 메뉴로 찾기 명령을 등록합니다.

힌트

```
edit_menu = tk.Menu(menu, tearoff=0)
menu.add_cascade(label="편집", menu=edit_menu)
edit_menu.add_command(label="찾기", command=find_text)
```

3.6.2 찾기 메뉴가 클릭되었을 경우 처리

해당 메뉴가 클릭되었을 경우 수행할 `find_text()` 함수를 만듭니다.

힌트

`find_text()` 함수는 다음과 같이 구현 가능합니다.

1. 찾을 단어가 있다면 시작위치 `start_pos`을 0번째 글자부터 동일한 문자열이 있는지 찾는다.
2. 찾을 수 없다면 멈춘다.
3. 만약 찾은 문자열이 있다면 `end_pos`을 `end_pos = f"{start_pos}+{len(find_word)}c"` 으로 설정한다.

4. 찾은 위치에 tag_add() 메서드를 이용하여 found라고 마킹한다.
5. 시작 위치를 end_pos으로 바꾼다.
6. 1번으로 이동하여 다시 시작한다.
7. 반복이 종료되면 found라고 마킹된 부분의 배경색을 변경

```
def find():
    text_area.tag_remove('found', '1.0', tk.END)
    find_word = find_entry.get()
    if find_word:
        start_pos = '1.0'
        while True:
            # 시작 위치부터 문서의 마지막까지 스캔
            # find_word와 동일한 문자열을 찾았다면 찾은 문자열의 첫글자 인덱스를 리턴
            # 찾지 못했다면 빈 문자열 리턴
            start_pos = text_area.search(find_word, start_pos, stopindex=tk.END)
            if not start_pos:
                break
            # 종료 인덱스 업데이트: 출발 인덱스 + 찾은 문자열의 글자수
            end_pos = f"{start_pos}+{len(find_word)}c"
            # 찾은 문자열의 시작 인덱스와 끝 인덱스에 'found'라고 태그 붙여주기
            text_area.tag_add('found', start_pos, end_pos)
            # 찾은 문자열의 마지막 인덱스를 시작점으로 삼아 다시 탐색 시작
            start_pos = end_pos
        # 'found'라고 태그된 영역의 배경색을 'yellow'로 변경
        text_area.tag_config('found', background='yellow')

tk.Button(find_window, text="찾기", command=find).grid(row=1, column=0, columnspan=2, 
pady=5)
```

위에서 제시한 힌트를 이용하여 메모장 앱을 업그레이드 해 보세요.

제 4 장

간단한 게임만들기

이번장에서는 Python tkinter를 이용해 게임을 만들어보겠습니다.

게임은 대표적인 GUI 프로그램입니다. 당연하겠죠? 게임을 하려면 뭔가 눈에 보이는 것이 있어야 하니까요.

게임을 개발하는 언어는 다양합니다. 자신이 처한 상황에 따라 게임 개발 언어를 선택해야 합니다. 주요한 선택 기준은 다음과 같습니다.

선택 기준	설명
게임 엔진	어떤 게임 엔진을 사용할지에 따라 언어가 결정됩니다. 예를 들어, Unity는 C#을 사용하고, Unreal Engine은 C++을 사용합니다.
타겟 플랫폼	모바일, 웹, 데스크톱 등 목표 플랫폼에 따라 적합한 언어가 다릅니다. 예를 들어, 모바일 게임은 Java(Kotlin), Swift 등을 사용할 수 있습니다.
개발 팀의 경험	개발 팀이 이미 잘 알고 있는 언어를 사용하는 것이 효율적입니다.
성능 요구사항	고성능이 요구되는 게임은 저수준 메모리 제어가 가능한 C++ 등이 적합합니다.
생산성	빠른 프로토타이핑과 간단한 게임은 Python, JavaScript 등을 사용할 수 있습니다.

게임을 개발하기 위해서는 그래픽, 사운드, 물리 엔진 등을 개발자가 제어해야 합니다. 모든 것을 코딩해야 한다는 뜻입니다. 하지만 게임 개발자가 모든 것을 할 수 없으므로, 게임 개발에 필요한 기능을 미리 구현하여 제공하는 프레임워크를 사용하게 됩니다.

파이썬으로 게임을 개발하려면 `PyGame`, `Panda3D`, `PyOpenGL` 등과 같은 라이브러리와 프레임워크를 이용해야 합니다. 공부를 더 해야 한다는 뜻입 니다. 게임 개발은 이 책의 범위를 벗어납니다. 관심 있는 독자는 관련 분야를 추가로 학습하시기 바랍니다.

우리는 GUI 프로그램을 간단히 응용하는 게임을 만들어 보고, 그 경험을 바탕으로 Python 응용 능력을 높이는데 목표가 있습니다.

Fig. 4.1 파이썬을 이용해 간단한 게임을 개발할 수 있습니다.

참고로 게임 개발 프레임워크와 특징을 살펴보면 다음과 같습니다.

프레임워크(언어)	특징
Unity (C#)	- 크로스 플랫폼 지원 - 강력한 에디터와 커뮤니티 - 2D 및 3D 게임 개발 가능
Unreal Engine (C++)	- 고성능, AAA급 게임 개발에 적합 - 실시간 렌더링 및 물리 엔진 - 블루프린트 비주얼 스크립팅 지원
Godot (GDScript, C#, C++)	- 오픈 소스, 무료 - 가벼운 설치 파일과 쉬운 배포 - 2D 및 3D 게임 개발 지원
PyGame	Python - 교육용으로 많이 사용 - 2D 게임 개발에 주로 사용
Panda3D	Python, C++ - 디즈니와 CMU에서 개발 - VR 및 AR 지원
Cocos2d (C++, Lua, JavaScript)	- 2D 게임에 특화 - 크로스 플랫폼 지원 - 많은 상업용 게임에서 사용

프레임워크(언어)	특징
Phaser (JavaScript)	- HTML5 게임 개발에 적합 - 빠른 프로토타이핑 가능 - 웹 브라우저에서 직접 실행 가능
Construct (JavaScript)	- 비주얼 스크립팅을 통해 코드 작성 없이 게임 개발 가능 - 2D 게임 개발에 특화 - 교육용으로 많이 사용
CryEngine (C++)	- 고성능, 사실적인 그래픽 - AAA급 게임 개발에 적합 - 강력한 샌드박스 편집기 제공
GameMaker Studio (GML (GameMaker Language))	- 쉬운 게임 개발, 빠른 프로토타이핑 가능 - 2D 게임에 특화 - 다양한 플랫폼에 배포 가능

4.1 숫자 맞추기 게임

몸풀기 예제로 "숫자 맞추기 게임"을 만들어보겠습니다.

사용자가 컴퓨터가 랜덤으로 생성한 숫자를 맞추는 게임입니다.

4.1.1 User Interface

숫자 맞추기 게임이 실행되면 아래 그림과 같은 형태가 되도록 합니다.

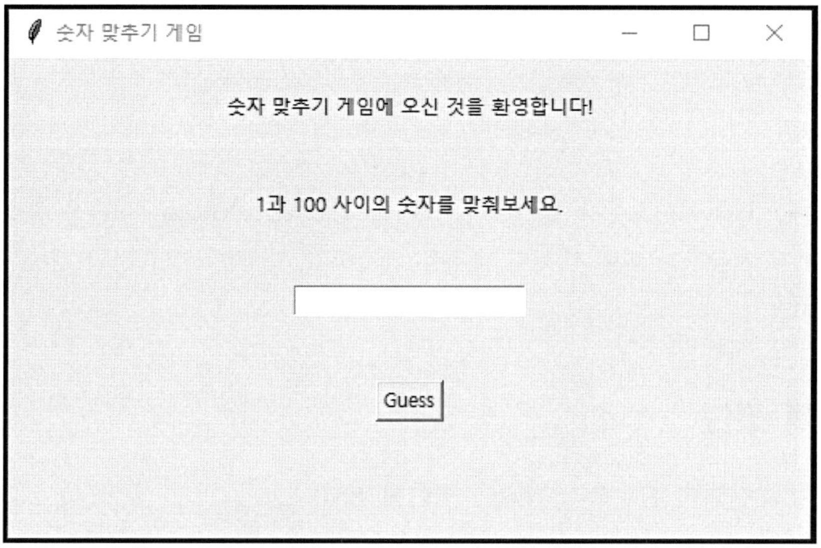

Fig. 4.2 숫자 맞추기 게임 UI 설계

4.1.2 코드 설계

게임 클래스(`NumberGuessingGame`)

- `init` 메서드: 초기 설정, GUI 요소 생성
- `create_widgets` 메서드: 라벨, 입력 필드, 버튼 등 필요한 위젯을 생성
- `check_guess` 메서드: 사용자 입력을 확인하고 결과를 라벨에 표시, 맞췄을 경우 메시지 팝업 실행
- `reset_game` 메서드: 게임 초기화

GUI 요소

- `Label` 위젯: 텍스트를 표시
- `Entry` 위젯: 사용자의 입력 받기
- `Button` 위젯: 사용자에게 추측 버튼 제공
- `messagebox` 모듈: 사용자가 맞췄을 때 팝업 메시지를 표시

4.1.3 실행 방법

```
python your_script_name.py
```

코드를 실행하면 tkinter 윈도우가 열립니다. 숫자를 입력하고 "Guess" 버튼을 클릭하여 게임을 진행합니다. 사용자가 맞출 때까지 추측을 계속하고, 맞추면 팝업 창이 나타나고 게임이 초기화됩니다.

4.1.4 예제 코드

다음 코드를 참고하여 숫자 맞추기 게임을 구현해 봅니다.

> **Note**
>
> 개인 취향에 맞게 코드를 변형해 보는 것도 아주 좋은 시도입니다.

```
import tkinter as tk
from tkinter import messagebox
import random

class NumberGuessingGame:
    def __init__(self):
        self.window = tk.Tk()
        self.window.geometry('500x300+500+500')
        self.window.title("숫자 맞추기 게임")
        self.lower = 1
        self.upper = 100
        self.number_to_guess = random.randint(self.lower, self.upper)
        self.num_guesses = 0

        self.create_widgets()

    def create_widgets(self):
        tk.Label(
            master=self.window,
            text="숫자 맞추기 게임에 오신 것을 환영합니다!"
        ).pack(pady=20)
        tk.Label(
            master=self.window,
            text=f"{self.lower}과 {self.upper} 사이의 숫자를 맞춰보세요."
        ).pack(pady=20)
```

```
        self.entry = tk.Entry(master=self.window, justify='center')
        self.entry.pack(pady=20)

        self.guess_button = tk.Button(
            master=self.window,
            text="Guess",
            command=self.check_guess
        )
        self.guess_button.pack(pady=20)

        self.result_label = tk.Label(master=self.window, text="")
        self.result_label.pack()

    def check_guess(self):
        try:
            user_guess = int(self.entry.get())
            self.num_guesses += 1
            if user_guess < self.number_to_guess:
                self.result_label.config(text="너무 낮아요!")
            elif user_guess > self.number_to_guess:
                self.result_label.config(text="너무 높아요!")
            else:
                self.result_label.config(
                    text=f"Congratulations! 정답 {self.num_guesses} 맞추셨습니다."
                )
                messagebox.showinfo(
                    "Game Over", f"{self.num_guesses}번 만에 맞췄습니다."
                )
                self.reset_game()
        except ValueError:
            self.result_label.config(text="입력 오류, 정수를 입력하세요 ^^.")

    def reset_game(self):
        self.number_to_guess = random.randint(self.lower, self.upper)
        self.num_guesses = 0
        self.entry.delete(0, tk.END)
        self.result_label.config(text="")

if __name__ == "__main__":
    game = NumberGuessingGame()
    game.window.mainloop()
```

4.2 슈팅 게임

`tkinter`를 사용하여 간단한 2D 슈팅 게임을 만들어보겠습니다. 슈팅 게임에서는 플레이어가 움직이는 캐릭터를 조작하고, 화면 상단에서 내려오는 적을 맞추는 게임을 구현합니다.

4.2.1 슈팅게임 UI

목표로 하는 슈팅 게임의 UI는 다음과 같습니다. 사용자는 화면 하단에 위치하고 노란색 총알을 발사합니다. 적은 빨간색 사각형으로 위에서 아래로 내려옵니다.

사용자가 발사한 총알에 맞은 적은 사라지고, 총알에 맞지 않은 적은 사용자를 지나쳐 갑니다.

Fig. 4.3 슈팅 게임의 기본 UI

4.2.2 동작(함수) 목록

클래스 초기화 (_init_)

- tkinter 윈도우와 캔버스를 설정하고, 플레이어를 캔버스에 추가
- 키 이벤트를 바인딩하여 플레이어 이동 및 총알 발사를 처리
- update_game 메서드를 호출하여 게임 루프를 시작

플레이어 이동 (move_left, move_right)

- 왼쪽 및 오른쪽 화살표 키로 플레이어를 이동

총알 발사 (shoot)

- 스페이스바를 눌러 총알을 발사
- 총알을 캔버스에 추가

게임 업데이트 (update_game)

- 게임 루프를 관리
- 총알 이동, 적 생성, 적 이동, 충돌 체크 등을 수행

총알 이동 (move_bullets)

- 총알을 위로 이동
- 화면을 벗어난 총알을 제거

적 생성 (create_enemy)

- 랜덤한 위치에 적을 생성하여 캔버스에 추가

적 이동 (move_enemies)

- 적을 아래로 이동 화면을 벗어난 적을 제거

충돌 체크 (check_collisions)

- 총알과 적의 충돌을 감지하여 처리

충돌 감지 (overlap)

- 두 개체의 좌표를 비교하여 충돌 여부를 판단

위에서 설명한 슈팅게임 기본 동작을 포함한 ShootingGame 클래스는 다음과 같이 구현할 수 있습니다.

```
import tkinter as tk
import random

class ShootingGame:
    def __init__(self):
        # 게임을 표시할 윈도우 생성 / 제목 표시
        self.window = tk.Tk()
        self.window.title("Shooting Game")

        # 게임이 실행되는 영역(배경화면) 생성
        self.width = 400
        self.height = 600
        self.canvas = tk.Canvas(
            master=self.window, # 부모 객체 이름
            width=self.width,   # 캔버스 가로 크기(픽셀)
            height=self.height, # 캔버스 세로 크기(픽셀)
            bg="black"          # 배경색
        )
        self.canvas.pack()

        # 플레이어 생성
        self.player = self.canvas.create_rectangle(180, 580, 220, 600, fill="blue")
        self.bullets = [] # 총알을 담아 놓을 리스트
        self.enemies = [] # 적을 담아 놓을 리스트
        self.score = 0    # 적을 맞췄을 때 점수

        # 키보드에서 화살표 키를 눌렀을 때 작동할 함수 등록
        self.window.bind("<Left>", self.move_left)
        self.window.bind("<Right>", self.move_right)
        self.window.bind("<space>", self.shoot)

        # 게임이 window.mainloop() 실행되면 업데이트 함수 실행
        self.update_game()
```

```python
    def move_left(self, event, distance: int = -20):
    '''왼쪽으로 distance 값 만큼 이동
            - event: self.window.bind("<Left>")에 등록된 왼쪽 방향키를 누른 경우
            - distance: 이동할 거리: 음(-)의 방향으로 20만큼
        '''
        self.canvas.move(self.player, distance, 0)

    def move_right(self, event, distance: int = 20):
        '''오른쪽쪽으로 distance 값 만큼 이동
            - event: self.window.bind("<Right>")에 등록된 오른쪽 방향키를 누른 경우
            - distance: 이동할 거리: 양(+)의 방향으로 20만큼
        '''
        self.canvas.move(self.player, distance, 0)

    def shoot(self, event, color='yellow'):
        '''총알 발사 함수'''
        # 플레이어 현재 좌표 추출
        x1, y1, x2, y2 = self.canvas.coords(self.player)
        # 추출된 좌표를 참고하여 총알 생성
        bullet = self.canvas.create_rectangle(x1+15, y1-10, x2-15, y1, fill=color)
        #   init   함수에서 생성한 총알 리스트에 등록
        self.bullets.append(bullet)

    def update_game(self, interval: int = 50):
        '''게임 상황을 업데이트'''
        self.move_bullets() # 총알 이동
        self.create_enemy() # 적 생성
        self.move_enemies() # 적 이동
        self.check_collisions() # 충돌 확인
        # 일정 시간이 지나면 업데이트를 반복적으로 수행
        self.window.after(
            ms=interval, # 시간 간격 설정: 50 밀리초(0.05초) 이후에 실행
            func=self.update_game # ms 이후에 실행할 함수 이름
        )

    def move_bullets(self):
        '''총알 이동'''
        for bullet in self.bullets:
            # 현재 등록된 총알이 있다면 이동
            self.canvas.move(bullet, 0, -10) # x축으로 0 픽셀, y축으로 -10 픽셀 이동
            # 총알이 이동하다가 화면 밖으로 나갔는지 확인
            if self.canvas.coords(bullet)[1] < 0: # 만약 총알 y값이 0보다 작다면
                self.canvas.delete(bullet)  # 화면 영역에서 객체 삭제
                self.bullets.remove(bullet) # 총알 리스트에서 객체 삭제
```

```
def create_enemy(self, probability=0.05, size=20, color='red'):
    '''적 객체 생성
    - Args:
        - probability (float): 매 업데이트 시간에 적이 생성될 확률, 기본값 0.05 (5%)
        - size (int): 적의 크기, 기본값: 가로 20, 세로 20 픽셀
        - color (str): 적(enemy) 색깔
    '''
    rand_prob = random.random()
    if rand_prob < probability:
        x_position = random.randint(0, self.width - size)
        # 객체의 좌측 상단 좌표: x0, y0
        x0, y0 = x_position, 0
        # 객체의 우측 하단 좌표: x1, y1
        x1, y1 = x_position+size, size
        enemy = self.canvas.create_rectangle(x0, y0, x1, y1, fill=color)
        self.enemies.append(enemy)

def move_enemies(self, distance=5):
    '''적 객체 이동'''
    for enemy in self.enemies: self.canvas.move(
        enemy, # 캔버스 내에서 이동할 객체 이름
        0, # 이동할 객체의 좌측 상단 x좌표로부터 이동할 값(픽셀)
        distance, # 이동할 객체의 좌측 상단 y좌표로부터 이동할 값(픽셀)
        )
        # 적이 캔버스 밖으로 나갔는지 확인
        # canvas.coords(객체이름) #     -> x0, y0, x1, y1
        # 객체 좌측상단: (x0, x1), 우측하단: (x1, y1)
        if self.canvas.coords(enemy)[3] > 600: # y1 좌표값 확인
            self.canvas.delete(enemy) # 캔버스에서 객체 삭제
            self.enemies.remove(enemy) # 리스트에서 객체 삭제

def check_collisions(self):
    '''총알과 적 충돌 확인'''
    for bullet in self.bullets:
         bullet_coords = self.canvas.coords(bullet)
         for enemy in self.enemies:
             enemy_coords = self.canvas.coords(enemy)
             # 총알과 적이 충돌했을 경우 처리
             if self.overlap(bullet_coords, enemy_coords):
                 self.canvas.delete(bullet)  # 캔버스에서 총알 삭제
                 self.canvas.delete(enemy)   # 캔버스에서 적 삭제
                 self.bullets.remove(bullet) # 총알 리스트에서 해당 총알 삭제
                 self.enemies.remove(enemy)  # 적 리스트에서 해당 적 삭제
                 self.score += 1 # 점수 업데이트(맞추면 1점 추가)
                 break
```

```
    def overlap(self, coords1: tuple, coords2: tuple):
        '''2개 객체 좌표를 이용해 중첩 여부 확인
        - Args:
            - coords1 (tuple): x0, y0, x1, y1 (첫번째(총알) 객체의 좌측상단, 우측하단 좌표)
            - coords1 (tuple): x0, y0, x1, y1 (두번째(적)  객체의 좌측상단, 우측하단 좌표)
        '''
        if (coords1[0] < coords2[2] and
            coords1[2] > coords2[0] and
            coords1[1] < coords2[3] and
            coords1[3] > coords2[1]):
            return True
return False

if __name__ == "__main__":
    game = ShootingGame()
    game.window.mainloop()
```

4.2.3 시작, 일시 중지, 계속하기 추가

앞에서 만든 코드를 업그레이드 합니다.

상태 관리 변수 (running)

- running 변수는 게임이 진행 중인지 여부를 표시
- 각 메서드에서 running 변수를 확인하여 게임이 일시 중지 상태일 때 동작을 멈추도록 처리

```
class ShootingGame:
    def __init__(self):
        # 이전 코드와 동일
        # `running 변수 추가
        self.running = False

    # 게임이 window.mainloop() 실행되면 업데이트 함수 실행
    # -> start_game() 실행되면 시작해□ 되므로
    #  프로그램 동작과 동시에 게임 시작하는 기존 내용 삭제
    # self.update_game()
```

```
    # running 상태에서만 움직이도록 변경
    def move_left(self, event, distance: int = -20):
        if self.running:
            '''이전 코드 동일'''

    # running 상태에서만 움직이도록 변경
    def move_right(self, event, distance: int = 20):
        if self.running:
            '''이전 코드 동일'''

    # running 상태에서만 총알 발사
    def shoot(self, event, color='yellow'):
        if self.running:
            '''이전 코드 동일'''

    # running 상태에서만 업데이트
    def update_game(self):
        if self.running:
            '''이전 코드 동일'''
```

게임 시작 (start_game)

- Start 버튼을 클릭하면 게임이 시작
- running 변수를 True로 설정
- update_game 메서드를 호출하여 게임 루프를 시작

```
class ShootingGame:
    def __init__(self):
        # 이전 코드와 동일
        # Start 버튼 추가
        self.start_button = tk.Button(
            self.window,
            text="Start",
            command=self.start_game
        )
        self.start_button.pack(side=tk.LEFT)

    # start_game 메서드 추가
    def start_game(self):
        if not self.running:
            self.running = True
            self.update_game()
```

일시 중지 (pause_game)

- Pause 버튼을 클릭하면 게임이 일시 중지
- running 변수를 False로 설정하여 게임 루프가 멈추도록 처리

```
class ShootingGame:
    def __init__(self):
        # 이전 코드와 동일
        # Pause 버튼 추가
        self.pause_button = tk.Button(
            self.window,
            text="Pause",
            command=self.pause_game
        )
        self.pause_button.pack(side=tk.LEFT)

    # pause_game 메서드 추가
    def pause_game(self):
        self.running = False
```

계속하기 (resume_game)

- Resume 버튼을 클릭하면 게임이 계속
- running 변수를 True로 설정
- update_game 메서드를 다시 호출하여 게임 루프를 재개

```
class ShootingGame:
    def __init__(self):
        # 이전 코드와 동일
        # Resume 버튼 추가
        self.resume_button = tk.Button(
            self.window,
            text="Resume",
            command=self.resume_game)
        self.resume_button.pack(side=tk.LEFT)

    # resume_game 메서드 추가
    def resume_game(self):
        if not self.running:
            self.running = True
            self.update_game()
```

위 업그레이드 내용을 반영된 게임 UI는 아래 그림과 같습니다. 게임창 좌측 하단에 3개 버튼이 추가된 모습입니다.

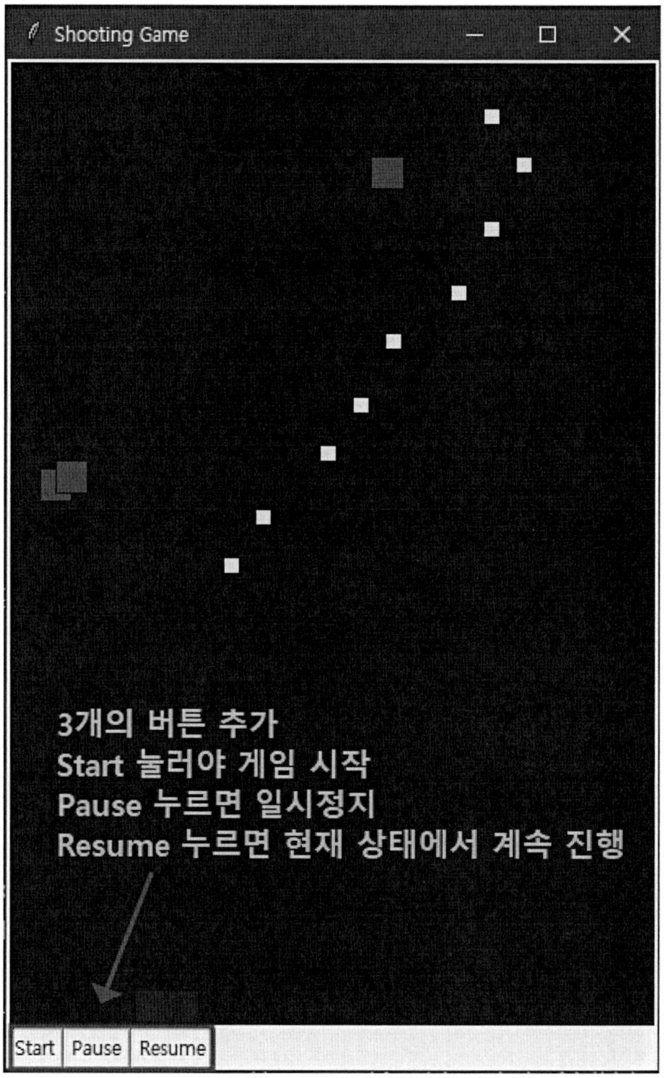

Fig. 4.4 시작(Start), 일시중지(Pause), 계속하기(Resume) 기능이 추가된 UI

위 업그레이드 내용을 반영한 전체 코드는 다음과 같습니다.

```
import tkinter as tk
import random

class ShootingGame:
    def __init__(self):
        # 게임을 표시할 윈도우 생성 / 제목 표시
        self.window = tk.Tk()
        self.window.title("Shooting Game")

        # 게임이 실행되는 영역(배경화면) 생성
        self.width = 400
        self.height = 600
        self.canvas = tk.Canvas(
            master=self.window, # 부모 객체 이름
            width=self.width,   # 캔버스 가로 크기(픽셀)
            height=self.height, # 캔버스 세로 크기(픽셀)
            bg="black"          # 배경색
        )
        self.canvas.pack()

        # 플레이어 생성
        self.player = self.canvas.create_rectangle(180, 580, 220, 600, fill="blue")
        self.bullets = [] # 총알을 담아 놓을 리스트
        self.enemies = [] # 적을 담아 놓을 리스트
        self.score = 0   # 적을 맞췄을 때 점수

        self.running = False # 상태 관리 변수

        # 키보드에서 화살표 키를 눌렀을 때 작동할 함수 등록
        self.window.bind("<Left>", self.move_left)
        self.window.bind("<Right>", self.move_right)
        self.window.bind("<space>", self.shoot)

        self.start_button = tk.Button(
            self.window,
            text="Start",
            command=self.start_game
        )
        self.start_button.pack(side=tk.LEFT)

        self.pause_button = tk.Button(
            self.window,
            text="Pause",
            command=self.pause_game
        )
        self.pause_button.pack(side=tk.LEFT)
```

```
    self.resume_button = tk.Button(
        self.window,
        text="Resume",
        command=self.resume_game)
    self.resume_button.pack(side=tk.LEFT)

    # 게임이 window.mainloop() 실행되면 업데이트 함수 실행
    # -> start_game() 실행되면 시작해□ 되므로
    #  프로그램 동작과 동시에 게임 시작하는 기존 내용 삭제
    # self.update_game()

def start_game(self):
    if not self.running:
        self.running = True
        self.update_game()

def pause_game(self):
    self.running = False

def resume_game(self):
    if not self.running:
        self.running = True
        self.update_game()

def move_left(self, event, distance: int = -20):
    '''왼쪽으로 distance 값 만큼 이동
        - event: self.window.bind("<Left>")에 등록된 왼쪽 방향키를 누른 경우
        - distance: 이동할 거리: 음(-)의 방향으로 20만큼
    '''
    if self.running:
        self.canvas.move(self.player, distance, 0)

def move_right(self, event, distance: int = 20):
    '''오른쪽으로 distance 값 만큼 이동
        - event: self.window.bind("<Right>")에 등록된 오른쪽 방향키를 누른 경우
        - distance: 이동할 거리: 양(+)의 방향으로 20만큼
    '''
    if self.running:
        self.canvas.move(self.player, distance, 0)

def shoot(self, event, color='yellow'):
    '''총알 발사 함수'''
    if self.running:
        # 플레이어 현재 좌표 추출
        x1, y1, x2, y2 = self.canvas.coords(self.player)
```

```
        # 추출된 좌표를 참고하여 총알 생성
        bullet = self.canvas.create_rectangle(x1+15, y1-10, x2-15, y1, fill=color)
        # __init__ 함수에서 생성한 총알 리스트에 등록
        self.bullets.append(bullet)

def update_game(self, interval: int = 50):
    '''게임 상황을 업데이트'''
    if self.running:
        self.move_bullets() # 총알 이동
        self.create_enemy() # 적 생성
        self.move_enemies() # 적 이동
        self.check_collisions() # 충돌 확인
        # 일정 시간이 지나면 업데이트를 반복적으로 수행
        self.window.after(
            ms=interval, # 시간 간격 설정: 50 밀리초(0.05초) 이후에 실행
            func=self.update_game # ms 이후에 실행할 함수 이름
    )

def move_bullets(self):
    '''총알 이동'''
    for bullet in self.bullets:
        # 현재 등록된 총알이 있다면 이동
        self.canvas.move(bullet, 0, -10) # x축으로 0 픽셀, y축으로 -10 픽셀 이동
        # 총알이 이동하다가 화면 밖으로 나갔는지 확인
        if self.canvas.coords(bullet)[1] < 0: # 만약 총알 y값이 0보다 작다면
            self.canvas.delete(bullet)  # 화면 영역에서 객체 삭제
            self.bullets.remove(bullet) # 총알 리스트에서 객체 삭제

def create_enemy(self, probability=0.05, size=20, color='red'):
    '''적 객체 생성
    - Args:
        - probability (float): 매 업데이트 시간에 적이 생성될 확률, 기본값 0.05 (5%)
        - size (int): 적의 크기, 기본값: 가로 20, 세로 20 픽셀
        - color (str): 적(enemy) 색깔
    '''
    rand_prob = random.random()
    if rand_prob < probability:
        x_position = random.randint(0, self.width - size)
        # 객체의 좌측 상단 좌표: x0, y0
        x0, y0 = x_position, 0
        # 객체의 우측 하단 좌표: x1, y1
        x1, y1 = x_position+size, size
        enemy = self.canvas.create_rectangle(x0, y0, x1, y1, fill=color)
        self.enemies.append(enemy)
```

```
    def move_enemies(self, distance=5):
        '''적 객체 이동'''
        for enemy in self.enemies:
            self.canvas.move(
                enemy, # 캔버스 내에서 이동할 객체 이름
                0, # 이동할 객체의 좌측 상단 x좌표로부터 이동할 값(픽셀)
                distance, # 이동할 객체의 좌측 상단 y좌표로부터 이동할 값(픽셀)
            )
            # 적이 캔버스 밖으로 나갔는지 확인
            # canvas.coords(객체이름)
            #   -> x0, y0, x1, y1
            # 객체 좌측상단: (x0, x1), 우측하단: (x1, y1)
            if self.canvas.coords(enemy)[3] > 600: # y1 좌표값 확인
                self.canvas.delete(enemy) # 캔버스에서 객체 삭제
                self.enemies.remove(enemy) # 리스트에서 객체 삭제

    def check_collisions(self):
        '''총알과 적 충돌 확인'''
        for bullet in self.bullets:
             bullet_coords = self.canvas.coords(bullet)
             for enemy in self.enemies:
                 enemy_coords = self.canvas.coords(enemy)
                 # 총알과 적이 충돌했을 경우 처리
                 if self.overlap(bullet_coords, enemy_coords):
                     self.canvas.delete(bullet)  # 캔버스에서 총알 삭제
                     self.canvas.delete(enemy)   # 캔버스에서 적 삭제
                     self.bullets.remove(bullet) # 총알 리스트에서 해당 총알 삭제
                     self.enemies.remove(enemy)  # 적 리스트에서 해당 적 삭제
                     self.score += 1 # 점수 업데이트(맞추면 1점 추가)
                     break

    def overlap(self, coords1: tuple, coords2: tuple):
        '''2개 객체 좌표를 이용해 중첩 여부 확인
        - Args:
            - coords1 (tuple): x0, y0, x1, y1 (첫번째(총알) 객체의 좌측상단, 우측하단 좌표)
            - coords1 (tuple): x0, y0, x1, y1 (두번째(적)   객체의 좌측상단, 우측하단 좌표)
        '''
        if (coords1[0] < coords2[2] and
            coords1[2] > coords2[0] and
            coords1[1] < coords2[3] and
            coords1[3] > coords2[1]):
            return True
        return False

if __name__ == "__main__":
    game = ShootingGame()
    game.window.mainloop()
```

4.2.4 종료 기능 추가

현재까지 구현한 게임에는 게임 종료하기 기능이 없습니다. Exit 버튼을 GUI에 추가하여 사용자가 클릭하면 게임을 종료하는 기능을 추가해 봅니다.

종료 기능을 구현하기 위해서는 ShootingGame 클래스에 다음과 같이 새로운 메서드를 추가하면 됩니다.

게임 종료(exit_game) 메서드

- `Exit` 버튼을 클릭하면 `exit_game` 메서드가 호출
- `running` 변수를 `False` 로 변경
- `self.window.destroy()`를 호출하여 `tkinter` 윈도우(윈도우 게임 윈도우)를 닫아서 프로그램 종료

게임 종료(Exit) 버튼

- 사용자에게 종료 명령을 실행할 수 있도록 버튼 객체 GUI에 추가

코드 업데이트

```
class ShootingGame:
    def __init__(self):
        #   :
        # 이전 코드와 동일
        #   :
        # Exit 버튼 등록
        self.exit_button = tk.Button(
            self.window,
            text="Exit",
            command=self.exit_game
        )
        self.exit_button.pack(side=tk.LEFT) # 왼쪽 공간에 이어 붙이기

    # Exit 버튼을 클릭했을 때 호출될 메서드 추가
    def exit_game(self):
        self.running = False
        self.window.destroy()
```

게임 종료 기능이 포함된 전체 코드는 다음과 같습니다.

```
import tkinter as tk
import random

class ShootingGame:
    def __init__(self):
        # 게임을 표시할 윈도우 생성 / 제목 표시
        self.window = tk.Tk()
        self.window.title("Shooting Game")

        # 게임이 실행되는 영역(배경화면) 생성
        self.width = 400
        self.height = 600
        self.canvas = tk.Canvas(
            master=self.window,  # 부모 객체 이름
            width=self.width, # 캔버스 가로 크기(픽셀) height=self.height, # 캔버스 세로 크기
            (픽셀)
            bg="black"# 배경색
        )
        self.canvas.pack()

        # 플레이어 생성
        self.player = self.canvas.create_rectangle(180, 580, 220, 600, fill="blue")
        self.bullets = [] # 총알을 담아 놓을 리스트
        self.enemies = [] # 적을 담아 놓을 리스트
        self.score = 0     # 적을 맞췄을 때 점수

        self.running = False # 상태 관리 변수

        # 키보드에서 화살표 키를 눌렀을 때 작동할 함수 등록
        self.window.bind("<Left>", self.move_left)
        self.window.bind("<Right>", self.move_right)
        self.window.bind("<space>", self.shoot)

        self.start_button = tk.Button(
            self.window,
            text="Start",
            command=self.start_game
        )
        self.start_button.pack(side=tk.LEFT)

        self.pause_button = tk.Button(
            self.window,
            text="Pause",
```

```
            command=self.pause_game
        )
        self.pause_button.pack(side=tk.LEFT)

        self.resume_button = tk.Button(
            self.window,
            text="Resume",
            command=self.resume_game)
        self.resume_button.pack(side=tk.LEFT)

        self.exit_button = tk.Button(
            self.window,
            text="Exit",
            command=self.exit_game
        )
        self.exit_button.pack(side=tk.LEFT) # 왼쪽 공간에 이어 붙이기
        # 게임이 window.mainloop() 실행되면 업데이트 함수 실행
        # -> start_game() 실행되면 시작해□ 되므로
        #  프로그램 동작과 동시에 게임 시작하는 기존 내용 삭제
        # self.update_game()

    def exit_game(self):
        self.running = False
        self.window.destroy()

    def start_game(self):
        if not self.running:
            self.running = True
            self.update_game()

    def pause_game(self):
        self.running = False

    def resume_game(self):
        if not self.running:
            self.running = True
            self.update_game()

    def move_left(self, event, distance: int = -20):
        '''왼쪽으로 distance 값 만큼 이동
            - event: self.window.bind("<Left>")에 등록된 왼쪽 방향키를 누른 경우
            - distance: 이동할 거리: 음(-)의 방향으로 20만큼
        '''
        if self.running:
            self.canvas.move(self.player, distance, 0)
```

```
def move_right(self, event, distance: int = 20):
    '''오른쪽으로 distance 값 만큼 이동
       - event: self.window.bind("<Right>")에 등록된 오른쪽 방향키를 누른 경우
       - distance: 이동할 거리: 양(+)의 방향으로 20만큼
    '''
    if self.running:
        self.canvas.move(self.player, distance, 0)

def shoot(self, event, color='yellow'):
    '''총알 발사 함수'''
    if self.running:
        # 플레이어 현재 좌표 추출
        x1, y1, x2, y2 = self.canvas.coords(self.player)
        # 추출된 좌표를 참고하여 총알 생성
        bullet = self.canvas.create_rectangle(x1+15, y1-10, x2-15, y1, fill=color)
        # __init__ 함수에서 생성한 총알 리스트에 등록
        self.bullets.append(bullet)

def update_game(self, interval: int = 50):
    '''게임 상황을 업데이트'''
    if self.running:
        self.move_bullets() # 총알 이동
        self.create_enemy() # 적 생성
        self.move_enemies() # 적 이동
        self.check_collisions() # 충돌 확인
        # 일정 시간이 지나면 업데이트를 반복적으로 수행
        self.window.after(
            ms=interval, # 시간 간격 설정: 50 밀리초(0.05초) 이후에 실행
            func=self.update_game # ms 이후에 실행할 함수 이름
        )

def move_bullets(self):
    '''총알 이동'''
    for bullet in self.bullets:
        # 현재 등록된 총알이 있다면 이동
        self.canvas.move(bullet, 0, -10) # x축으로 0 픽셀, y축으로 -10 픽셀 이동
        # 총알이 이동하다가 화면 밖으로 나갔는지 확인
        if self.canvas.coords(bullet)[1] < 0: # 만약 총알 y값이 0보다 작다면
            self.canvas.delete(bullet)  # 화면 영역에서 객체 삭제
            self.bullets.remove(bullet) # 총알 리스트에서 객체 삭제

def create_enemy(self, probability=0.05, size=20, color='red'):
    '''적 객체 생성
    - Args:
       - probability (float): 매 업데이트 시간에 적이 생성될 확률, 기본값 0.05 (5%)
```

```
        - size (int): 적의 크기, 기본값: 가로 20, 세로 20 픽셀
        - color (str): 적(enemy) 색깔
    '''
    rand_prob = random.random()
    if rand_prob < probability:
        x_position = random.randint(0, self.width - size)
        # 객체의 좌측 상단 좌표: x0, y0
        x0, y0 = x_position, 0
        # 객체의 우측 하단 좌표: x1, y1
        x1, y1 = x_position+size, size
        enemy = self.canvas.create_rectangle(x0, y0, x1, y1, fill=color)
        self.enemies.append(enemy)

def move_enemies(self, distance=5):
    '''적 객체 이동'''
    for enemy in self.enemies:
        self.canvas.move(
            enemy, # 캔버스 내에서 이동할 객체 이름
            0, # 이동할 객체의 좌측 상단 x좌표로부터 이동할 값(픽셀)
            distance, # 이동할 객체의 좌측 상단 y좌표로부터 이동할 값(픽셀)
        )
        # 적이 캔버스 밖으로 나갔는지 확인
        # canvas.coords(객체이름) #     -> x0, y0, x1, y1
        # 객체 좌측상단: (x0, x1), 우측하단: (x1, y1)
        if self.canvas.coords(enemy)[3] > 600: # y1 좌표값 확인
            self.canvas.delete(enemy) # 캔버스에서 객체 삭제
            self.enemies.remove(enemy) # 리스트에서 객체 삭제

def check_collisions(self):
    '''총알과 적 충돌 확인'''
    for bullet in self.bullets:
        bullet_coords = self.canvas.coords(bullet)
        for enemy in self.enemies:
            enemy_coords = self.canvas.coords(enemy)
            # 총알과 적이 충돌했을 경우 처리
            if self.overlap(bullet_coords, enemy_coords):
                self.canvas.delete(bullet)  # 캔버스에서 총알 삭제
                self.canvas.delete(enemy)   # 캔버스에서 적 삭제
                self.bullets.remove(bullet) # 총알 리스트에서 해당 총알 삭제
                self.enemies.remove(enemy)  # 적 리스트에서 해당 적 삭제
                self.score += 1 # 점수 업데이트(맞추면 1점 추가)
                break

def overlap(self, coords1: tuple, coords2: tuple):
    '''2개 객체 좌표를 이용해 중첩 여부 확인
```

```
        - Args:
            - coords1 (tuple): x0, y0, x1, y1 (첫번째(총알) 객체의 좌측상단, 우측하단 좌표)
            - coords1 (tuple): x0, y0, x1, y1 (두번째(적)  객체의 좌측상단, 우측하단 좌표)
        '''
        if (coords1[0] < coords2[2] and
            coords1[2] > coords2[0] and
            coords1[1] < coords2[3] and
            coords1[3] > coords2[1]):
            return True
        return False

if __name__ == "__main__":
    game = ShootingGame()
    game.window.mainloop()
```

4.2.5 게임에서 지는 상황 추가

게임에서 지는 2가지 상황을 만들어서 추가해 봅니다.

먼저 2가지 상황을 처리하기 위한 변수(attribut)를 추가합니다.

`failuers`

- 적 격추에 실패하여 적이 화면 하달에 도달한 횟수
- 10개를 놓치면 실패하도록 설정

`collisions`

- 적과 플레이어가 충돌한 횟수
- 적과 3번 충돌하면 실패하도록 설정

```
class ShootingGame:
    def __init__(self):
        #  :
        # 이전 코드와 동일
        #  :
        # 격추 실패, 충돌 횟수 관리를 위한 변수 등록
        self.failures = 0   # 격추 실패 횟수
        self.collisions = 0 # 적과의 충돌 횟수
```

게임에서 지는 상황을 구현하기 위해서는 ShootingGame 클래스에 다음과 같은 메서드를 추가합니다.

messagebox를 임포트

- 게임에서 졌을 경우 메시지를 띄우기 용도

```
from tkinter import messagebox
```

게임 종료 처리 메서드 (check_game_over)

- failures가 10에 도달하면 게임이 종료
  - "Game Over! Your score is {score}. You failed to block 10 enemies." 메시지 표시
- collisions가 3에 도달하면 게임이 종료
  - "Game Over! Your score is {score}. You collided with enemies 3 times." 메시지 표시

```
class ShootingGame:
    #  :
    # 이전 코드와 동일
    #  :

    # 메서드 추가
    def check_game_over(self):
        if self.failures >= 10:
            self.running = False
            messagebox.showinfo(
                title="Game Over",
                message=f"Game Over! Your score is {self.score}. \
                You failed to block 10 enemies."
            )
            self.reset_game()
        elif self.collisions >= 3:
            self.running = False
            messagebox.showinfo(
                title="Game Over",
                message=f"Game Over! Your score is {self.score}. \
                You collided with enemies 3 times."
            )
            self.reset_game()
```

충돌 여부를 검사하는 메서드 (check_collisions) 업그레이드

- 기존에는 발사된 총알과 적이 충돌한 경우만 카운트 하였음
- overlap 메서드를 이용하여 플레이어와 적이 충돌하였는지 검사하는 코드를 추가

```
class ShootingGame:
    #   :
    # 이전 코드와 동일
    #   :

    # 메서드 업그레이드
    def check_collisions(self):
        '''충돌 확인'''
        # 총알과 적이 충돌했을 경우 처리
        for bullet in self.bullets:
            bullet_coords = self.canvas.coords(bullet)
            for enemy in self.enemies:
                enemy_coords = self.canvas.coords(enemy)
                if self.overlap(bullet_coords, enemy_coords):
                    self.canvas.delete(bullet)  # 캔버스에서 총알 삭제
                    self.canvas.delete(enemy)  # 캔버스에서 적 삭제
                    self.bullets.remove(bullet) # 총알 리스트에서 해당 총알 삭제
                    self.enemies.remove(enemy)  # 적 리스트에서 해당 적 삭제
                    self.score += 1 # 점수 업데이트(맞추면 1점 추가)
                    break
        # 플레이어와 적이 충돌했을 경우 처리
        player_coords = self.canvas.coords(self.player)
        for enemy in self.enemies:
            if self.overlap(player_coords, self.canvas.coords(enemy)): self.collisions += 1
                self.canvas.delete(enemy)
                self.enemies.remove(enemy)
                break
```

적을 놓쳤을 경우를 처리하기 위해 move_enemies 메서드 업그레이드

```
class ShootingGame:
    #   :
    # 이전 코드와 동일
    #   :

    # 메서드 업그레이드
    def move_enemies(self, distance=5):
        '''적 객체 이동'''
        for enemy in self.enemies:
            '''기존 코드와 동일'''
            if self.canvas.coords(enemy)[3] > 600: # y1 좌표값 확인
                '''기존 코드와 동일'''
                # 코드 추가: 놓친 횟수 증가
                self.failures += 1
```

게임에서 졌을 경우 게임 초기화 메서드 (reset_game)

- 게임 종료 후 점수, 실패 횟수, 충돌 횟수 초기화
- 화면에 있는 모든 총알과 적을 제거

```
class ShootingGame:
    #   :
    # 이전 코드와 동일
    #   :

    # 메서드 추가
    def reset_game(self, offset=20):
        self.score = 0
        self.failures = 0
        self.collisions = 0
        for bullet in self.bullets:
            self.canvas.delete(bullet)
        for enemy in self.enemies:
            self.canvas.delete(enemy)
        self.bullets.clear()
        self.enemies.clear()
        self.canvas.coords(
            self.player,
            self.width/2 - offset, self.height - 20, # 플레이어 좌측상단 좌표
            self.width/2 + offset, self.height    # 플레이어 우측하단 좌표
        )
```

매 업데이트 실행 시 게임 종료 여부를 확인하도록 update_game 메서드 업그레이드

```
def update_game(self, interval: int = 50):
    '''게임 상황을 업데이트'''
    if self.running:
        self.move_bullets() # 총알 이동
        self.create_enemy() # 적 생성
        self.move_enemies() # 적 이동
        self.check_collisions() # 충돌 확인

        # 게임 종료 상황인지 체크
        self.check_game_over()

        # 일정 시간이 지나면 업데이트를 반복적으로 수행
        self.window.after(
            ms=interval, # 시간 간격 설정: 50 밀리초(0.05초) 이후에 실행
            func=self.update_game # ms 이후에 실행할 함수 이름
        )
```

위 내용을 모두 적용한 코드는 다음과 같습니다.

```
import tkinter as tk
import random
from tkinter import messagebox

class ShootingGame:
    def __init__(self):
        # 게임을 표시할 윈도우 생성 / 제목 표시
        self.window = tk.Tk()
        self.window.title("Shooting Game")

        # 게임이 실행되는 영역(배경화면) 생성
        self.width = 400
        self.height = 600
        self.canvas = tk.Canvas(
            master=self.window, # 부모 객체 이름
            width=self.width,   # 캔버스 가로 크기(픽셀)
            height=self.height, # 캔버스 세로 크기(픽셀)
            bg="black"# 배경색
        )
        self.canvas.pack()
```

```
# 플레이어 생성
self.player = self.canvas.create_rectangle(180, 580, 220, 600, fill="blue")
self.bullets = [] # 총알을 담아 놓을 리스트
self.enemies = [] # 적을 담아 놓을 리스트
self.score = 0   # 적을 맞췄을 때 점수
self.failures = 0# 적을 놓친 횟수
self.collisions = 0 # 적과 충돌한 횟수

self.running = False # 상태 관리 변수

# 키보드에서 화살표 키를 눌렀을 때 작동할 함수 등록
self.window.bind("<Left>", self.move_left)
self.window.bind("<Right>",
self.move_right)
self.window.bind("<space>", self.shoot)

self.start_button = tk.Button(
    self.window,
    text="Start",
    command=self.start_game
)
self.start_button.pack(side=tk.LEFT)

self.pause_button = tk.Button(
    self.window,
    text="Pause",
    command=self.pause_game
)
self.pause_button.pack(side=tk.LEFT)

self.resume_button = tk.Button(
    self.window,
    text="Resume",
    command=self.resume_game)
self.resume_button.pack(side=tk.LEFT)

self.exit_button = tk.Button(
    self.window,
    text="Exit",
    command=self.exit_game
)
self.exit_button.pack(side=tk.LEFT) # 왼쪽 공간에 이어 붙이기

# 게임이 window.mainloop() 실행되면 업데이트 함수 실행
# -> start_game() 실행되면 시작해야 되므로
```

```
        #  프로그램 동작과 동시에 게임 시작하는 기존 내용 삭제
        # self.update_game()

    def exit_game(self):
        self.running = False
        self.window.destroy()

    def start_game(self):
        if not self.running:
            self.running = True
            self.update_game()

    def pause_game(self):
            self.running = False

    def resume_game(self):
        if not self.running:
            self.running = True
            self.update_game()

    def move_left(self, event, distance: int = -20):
        '''왼쪽으로 distance 값 만큼 이동
            - event: self.window.bind("<Left>")에 등록된 왼쪽 방향키를 누른 경우
            - distance: 이동할 거리: 음(-)의 방향으로 20만큼
        '''
        if self.running:
            self.canvas.move(self.player, distance, 0)

    def move_right(self, event, distance: int = 20):
        '''오른쪽쪽으로 distance 값 만큼 이동
            - event: self.window.bind("<Right>")에 등록된 오른쪽 방향키를 누른 경우
            - distance: 이동할 거리: 양(+)의 방향으로 20만큼
        '''
        if self.running:
            self.canvas.move(self.player, distance, 0)

    def shoot(self, event, color='yellow'):
        '''총알 발사 함수'''
        if self.running:
            # 플레이어 현재 좌표 추출
            x1, y1, x2, y2 = self.canvas.coords(self.player)
            # 추출된 좌표를 참고하여 총알 생성
            bullet = self.canvas.create_rectangle(x1+15, y1-10, x2-15, y1, fill=color)
            # __init__ 함수에서 생성한 총알 리스트에 등록
            self.bullets.append(bullet)
```

```
def update_game(self, interval: int = 50):
    '''게임 상황을 업데이트'''
    if self.running:
        self.move_bullets() # 총알 이동
        self.create_enemy() # 적 생성
        self.move_enemies() # 적 이동
        self.check_collisions() # 충돌 확인
        self.check_game_over()
        # 일정 시간이 지나면 업데이트를 반복적으로 수행
        self.window.after(
            ms=interval, # 시간 간격 설정: 50 밀리초(0.05초) 이후에 실행
            func=self.update_game # ms 이후에 실행할 함수 이름
        )

def move_bullets(self):
    '''총알 이동'''
    for bullet in self.bullets:
        # 현재 등록된 총알이 있다면 이동
        self.canvas.move(bullet, 0, -10) # x축으로 0 픽셀, y축으로 -10 픽셀 이동
        # 총알이 이동하다가 화면 밖으로 나갔는지 확인
        if self.canvas.coords(bullet)[1] < 0: # 만약 총알 y값이 0보다 작다면
            self.canvas.delete(bullet)  # 화면 영역에서 객체 삭제
            self.bullets.remove(bullet) # 총알 리스트에서 객체 삭제

def create_enemy(self, probability=0.05, size=20, color='red'):
    '''적 객체 생성
    - Args:
        - probability (float): 매 업데이트 시간에 적이 생성될 확률, 기본값 0.05 (5%)
        - size (int): 적의 크기, 기본값: 가로 20, 세로 20 픽셀
        - color (str): 적(enemy) 색깔
    '''
    rand_prob = random.random()
    if rand_prob < probability:
        x_position = random.randint(0, self.width - size)
        # 객체의 좌측 상단 좌표: x0, y0
        x0, y0 = x_position, 0
        # 객체의 우측 하단 좌표: x1, y1
        x1, y1 = x_position+size, size
        enemy = self.canvas.create_rectangle(x0, y0, x1, y1, fill=color)
        self.enemies.append(enemy)

def move_enemies(self, distance=5):
    '''적 객체 이동'''
    for enemy in self.enemies:
        self.canvas.move(
```

```
            enemy, # 캔버스 내에서 이동할 객체 이름
            0, # 이동할 객체의 좌측 상단 x좌표로부터 이동할 값(픽셀)
            distance, # 이동할 객체의 좌측 상단 y좌표로부터 이동할 값(픽셀)
        )
        # 적이 캔버스 밖으로 나갔는지 확인
        # canvas.coords(객체이름) #     -> x0, y0, x1, y1
        # 객체 좌측상단: (x0, x1), 우측하단: (x1, y1)
        if self.canvas.coords(enemy)[3] > 600: # y1 좌표값 확인
            self.canvas.delete(enemy) # 캔버스에서 객체 삭제
            self.enemies.remove(enemy) # 리스트에서 객체 삭제
            self.failures += 1 # 놓친 횟수 증가

def check_collisions(self):
    '''충돌 확인'''
    # 총알과 적이 충돌했을 경우 처리
    for bullet in self.bullets:
        bullet_coords = self.canvas.coords(bullet)
        for enemy in self.enemies:
            enemy_coords = self.canvas.coords(enemy)
            if self.overlap(bullet_coords, enemy_coords):
                self.canvas.delete(bullet)     # 캔버스에서 총알 삭제
                self.canvas.delete(enemy)      # 캔버스에서 적 삭제
                self.bullets.remove(bullet)    # 총알 리스트에서 해당 총알 삭제
                self.enemies.remove(enemy)     # 적 리스트에서 해당 적 삭제
                self.score += 1 # 점수 업데이트(맞추면 1점 추가)
                break

    # 플레이어와 적이 충돌했을 경우 처리
    player_coords = self.canvas.coords(self.player)
    for enemy in self.enemies:
        if self.overlap(player_coords, self.canvas.coords(enemy)):
            self.collisions += 1
            self.canvas.delete(enemy)
            self.enemies.remove(enemy)
            break

def overlap(self, coords1: tuple, coords2: tuple):
    '''2개 객체 좌표를 이용해 중첩 여부 확인
    - Args:
        - coords1 (tuple): x0, y0, x1, y1
            - 첫번째(총알) 객체의 좌측상단, 우측하단 좌표
        - coords1 (tuple): x0, y0, x1, y1
            - 두번째(적) 객체의 좌측상단, 우측하단 좌표
    '''
```

```
        if (coords1[0] < coords2[2] and
            coords1[2] > coords2[0] and
            coords1[1] < coords2[3] and
            coords1[3] > coords2[1]):
            return True
        return False

    def check_game_over(self):
        if self.failures >= 10:
            self.running = False
            messagebox.showinfo(
                title="Game Over",
                message=f"Game Over! Your score is {self.score}. You failed to block 10
                enemies."
            )
            self.reset_game()
        elif self.collisions >= 3:
            self.running = False
            messagebox.showinfo(
                title="Game Over",
                message=f"Game Over! Your score is {self.score}. You collided with enemies 3
                times."
            )
            self.reset_game()

    def reset_game(self, offset=20): self.score = 0
        self.failures = 0
        self.collisions = 0
        for bullet in self.bullets:
            self.canvas.delete(bullet)
        for enemy in self.enemies:
            self.canvas.delete(enemy)
        self.bullets.clear()
        self.enemies.clear()
        self.canvas.coords(
            self.player,
            self.width/2  - offset, self.height - 20, # 플레이어 좌측상단 좌표
            self.width/2 + offset, self.height        # 플레이어 우측하단 좌표
        )

if __name__ == "__main__":
    game = ShootingGame()
    game.window.mainloop()
```

4.2.6 놓친 적, 충돌한 적 개수 표시

지금까지 게임은 플레이어가 실패 횟수, 적과의 충돌 횟수를 인지할 수 없습니다. 즉, 플레이어는 게임의 상황을 파악할 수 없습니다.

게임을 업그레이드해서 실패, 충돌 상황을 GUI에 추가해 봅니다.

라벨(label) 객체 추가

```
class ShootingGame:
    def __init__(self):
        #   :
        # 이전 코드와 동일
        #   :

        # 실패 횟수를 표시할 라벨
        self.failure_label = tk.Label(
            self.window, text="Failures: 0", fg="white", bg="black"
        )
        self.failure_label.pack(side=tk.RIGHT, padx=10)

        # 충돌 횟수를 표시할 라벨
        self.collision_label = tk.Label(
            self.window, text="Collisions: 0", fg="white", bg="black"
        )
        self.collision_label.pack(side=tk.RIGHT)
```

라벨 업데이트 메서드 추가 (update_labels)

```
class ShootingGame:
    #   :
    # 이전 코드와 동일
    #   :

    # 실패, 충돌 횟수 업데이트 메서드 추가
    def update_labels(self):
        self.failure_label.config(
            text=f"Failures: {self.failures}"
        )
        self.collision_label.config(
            text=f"Collisions: {self.collisions}"
        )
```

매 업데이트에서 라벨도 업데이트 되도록 updage_game 업그레이드

```
class ShootingGame:
    #  :
    # 이전 코드와 동일
    #  :

    # 라벨 업데이트 실행 추가
    def update_game(self, interval: int = 50):
        '''게임 상황을 업데이트'''
        if self.running:
            self.move_bullets() # 총알 이동
            self.create_enemy() # 적 생성
            self.move_enemies() # 적 이동
            self.check_collisions() # 충돌 확인
            self.check_game_over() # 게임 종료 상황 확인

            # 실패, 충돌 횟수 업데이트
            self.update_labels()

            # 일정 시간이 지나면 업데이트를 반복적으로 수행
            self.window.after(
                ms=interval, # 시간 간격 설정: 50 밀리초(0.05초) 이후에 실행
                func=self.update_game # ms 이후에 실행할 함수 이름
            )
```

4.2.7 최종 완성 코드

```
import tkinter as tk
import random
from tkinter import messagebox

class ShootingGame:
    def __init__(self):
        # 게임을 표시할 윈도우 생성 / 제목 표시
        self.window = tk.Tk()
        self.window.title("Shooting Game")

        # 게임이 실행되는 영역(배경화면) 생성
        self.width = 400
        self.height = 600
```

```
self.canvas = tk.Canvas(
    master=self.window,  # 부모 객체 이름
    width=self.width, # 캔버스 가로 크기(픽셀)
    height=self.height, # 캔버스 세로 크기(픽셀)
    bg="black"# 배경색
)
self.canvas.pack()

# 플레이어 생성
self.player = self.canvas.create_rectangle(180, 580, 220, 600, fill="blue")
self.bullets = [] # 총알을 담아 놓을 리스트
self.enemies = [] # 적을 담아 놓을 리스트
self.score = 0    # 적을 맞췄을 때 점수
self.failures = 0# 적을 놓친 횟수
self.collisions = 0 # 적과 충돌한 횟수

self.running = False # 상태 관리 변수

# 키보드에서 화살표 키를 눌렀을 때 작동할 함수 등록
self.window.bind("<Left>", self.move_left)
self.window.bind("<Right>", self.move_right)
self.window.bind("<space>", self.shoot)

self.start_button = tk.Button(
    self.window,
    text="Start",
    command=self.start_game
)
self.start_button.pack(side=tk.LEFT)

self.pause_button = tk.Button(
    self.window,
    text="Pause",
    command=self.pause_game
)
self.pause_button.pack(side=tk.LEFT)

self.resume_button = tk.Button(
    self.window,
    text="Resume",
    command=self.resume_game)
self.resume_button.pack(side=tk.LEFT)

self.exit_button = tk.Button(
    self.window,
```

```
            text="Exit",
            command=self.exit_game
        )
        self.exit_button.pack(side=tk.LEFT) # 왼쪽 공간에 이어 붙이기

        # 실패 횟수를 표시할 라벨
        self.failure_label = tk.Label(
            self.window, text="Failures: 0", fg="white", bg="black"
        )
        self.failure_label.pack(side=tk.RIGHT, padx=10)

        # 충돌 횟수를 표시할 라벨
        self.collision_label = tk.Label(
            self.window, text="Collisions: 0", fg="white", bg="black"
        )
        self.collision_label.pack(side=tk.RIGHT)

    def exit_game(self):
        self.running = False
        self.window.destroy()

    def start_game(self):
        if not self.running:
            self.running = True
            self.update_game()

    def pause_game(self):
        self.running = False

    def resume_game(self):
        if not self.running:
            self.running = True
            self.update_game()

    def move_left(self, event, distance: int = -20):
        '''왼쪽으로 distance 값 만큼 이동
            - event: self.window.bind("<Left>")에 등록된 왼쪽 방향키를 누른 경우
            - distance: 이동할 거리: 음(-)의 방향으로 20만큼
        '''
        if self.running:
            self.canvas.move(self.player, distance, 0)

    def move_right(self, event, distance: int = 20):
        '''오른쪽쪽으로 distance 값 만큼 이동
            - event: self.window.bind("<Right>")에 등록된 오른쪽 방향키를 누른 경우
```

```
        - distance: 이동할 거리: 양(+)의 방향으로 20만큼
    '''
    if self.running:
        self.canvas.move(self.player, distance, 0)

def shoot(self, event, color='yellow'):
    '''총알 발사 함수'''
    if self.running:
        # 플레이어 현재 좌표 추출
        x1, y1, x2, y2 = self.canvas.coords(self.player)
        # 추출된 좌표를 참고하여 총알 생성
        bullet = self.canvas.create_rectangle(x1+15, y1-10, x2-15, y1, fill=color)
        #   init   함수에서 생성한 총알 리스트에 등록
        self.bullets.append(bullet)

def update_game(self, interval: int = 50):
    '''게임 상황을 업데이트'''
    if self.running:
        self.move_bullets() # 총알 이동
        self.create_enemy() # 적 생성
        self.move_enemies() # 적 이동
        self.check_collisions() # 충돌 확인
        self.check_game_over() # 게임 종료 상황 확인
        self.update_labels()  # 라벨 업데이트
        # 일정 시간이 지나면 업데이트를 반복적으로 수행
        self.window.after(
            ms=interval, # 시간 간격 설정: 50 밀리초(0.05초) 이후에 실행
            func=self.update_game # ms 이후에 실행할 함수 이름
        )

def move_bullets(self):
    '''총알 이동'''
    for bullet in self.bullets:
        # 현재 등록된 총알이 있다면 이동
        self.canvas.move(bullet, 0, -10) # x축으로 0 픽셀, y축으로 -10 픽셀 이동
        # 총알이 이동하다가 화면 밖으로 나갔는지 확인
        if self.canvas.coords(bullet)[1] < 0: # 만약 총알 y값이 0보다 작다면
            self.canvas.delete(bullet)  # 화면 영역에서 객체 삭제
            self.bullets.remove(bullet) # 총알 리스트에서 객체 삭제

def create_enemy(self, probability=0.05, size=20, color='red'):
    '''적 객체 생성
    - Args:
        - probability (float): 매 업데이트 시간에 적이 생성될 확률, 기본값 0.05 (5%)
        - size (int): 적의 크기, 기본값: 가로 20, 세로 20 픽셀
```

```
        - color (str): 적(enemy) 색깔
    '''
    rand_prob = random.random()
    if rand_prob < probability:
        x_position = random.randint(0, self.width - size)
        # 객체의 좌측 상단 좌표: x0, y0
        x0, y0 = x_position, 0
        # 객체의 우측 하단 좌표: x1, y1
        x1, y1 = x_position+size, size
        enemy = self.canvas.create_rectangle(x0, y0, x1, y1, fill=color)
        self.enemies.append(enemy)

def move_enemies(self, distance=5):
    '''적 객체 이동'''
    for enemy in self.enemies:
        self.canvas.move(
            enemy, # 캔버스 내에서 이동할 객체 이름
            0, # 이동할 객체의 좌측 상단 x좌표로부터 이동할 값(픽셀)
            distance, # 이동할 객체의 좌측 상단 y좌표로부터 이동할 값(픽셀)
        )
        # 적이 캔버스 밖으로 나갔는지 확인
        # canvas.coords(객체이름)
        #   -> x0, y0, x1, y1
        # 객체 좌측상단: (x0, x1), 우측하단: (x1, y1)
        if self.canvas.coords(enemy)[3] > 600: # y1 좌표값 확인
            self.canvas.delete(enemy) # 캔버스에서 객체 삭제
            self.enemies.remove(enemy) # 리스트에서 객체 삭제
            self.failures += 1 # 놓친 횟수 증가

def check_collisions(self):
    '''충돌 확인'''
    # 총알과 적이 충돌했을 경우 처리
    for bullet in self.bullets:
         bullet_coords = self.canvas.coords(bullet)
         for enemy in self.enemies:
             enemy_coords = self.canvas.coords(enemy)
             if self.overlap(bullet_coords, enemy_coords):
                 self.canvas.delete(bullet)  # 캔버스에서 총알 삭제
                 self.canvas.delete(enemy)   # 캔버스에서 적 삭제
                 self.bullets.remove(bullet) # 총알 리스트에서 해당 총알 삭제
                 self.enemies.remove(enemy)  # 적 리스트에서 해당 적 삭제
                 self.score += 1 # 점수 업데이트(맞추면 1점 추가)
                 break
```

```
    # 플레이어와 적이 충돌했을 경우 처리
    player_coords = self.canvas.coords(self.player)
    for enemy in self.enemies:
        if self.overlap(player_coords, self.canvas.coords(enemy)):
            self.collisions += 1
            self.canvas.delete(enemy)
            self.enemies.remove(enemy)
            break

def overlap(self, coords1: tuple, coords2: tuple):
    '''2개 객체 좌표를 이용해 중첩 여부 확인
    - Args:
        - coords1 (tuple): x0, y0, x1, y1
            - 첫번째(총알) 객체의 좌측상단, 우측하단 좌표
        - coords1 (tuple): x0, y0, x1, y1
            - 두번째(적) 객체의 좌측상단, 우측하단 좌표
    '''
    if (coords1[0] < coords2[2] and
        coords1[2] > coords2[0] and
        coords1[1] < coords2[3] and
        coords1[3] > coords2[1]):
        return True
    return False

def check_game_over(self):
    if self.failures >= 10:
        self.running = False
        messagebox.showinfo(
            title="Game Over",
            message=f"Game Over! Your score is {self.score}. You failed to block 10
            enemies."
        )
        self.reset_game()
    elif self.collisions >= 3:
        self.running = False
        messagebox.showinfo(
            title="Game Over",
            message=f"Game Over! Your score is {self.score}. You collided with enemies 3
            times."
        )
        self.reset_game()

def reset_game(self, offset=20):
    self.score = 0
    self.failures = 0
```

```
        self.collisions = 0
        for bullet in self.bullets:
            self.canvas.delete(bullet)
        for enemy in self.enemies:
            self.canvas.delete(enemy)
        self.bullets.clear()
        self.enemies.clear()
        self.canvas.coords(
            self.player,
            self.width/2 - offset, self.height - 20, # 플레이어 좌측상단 좌표
            self.width/2 + offset, self.height   # 플레이어 우측하단 좌표
        )

    def update_labels(self):
        self.failure_label.config(
            text=f"Failures: {self.failures}"
        )
        self.collision_label.config(
            text=f"Collisions: {self.collisions}"
        )
if __name__ == "__main__":
    game = ShootingGame()
    game.window.mainloop()
```

4.3 패키징 및 배포

지금까지 만든 게임을 실행파일로 만들어 보겠습니다.

파이썬 코드로 작성된 게임을 실행 파일로 만드는 방법은 여러 가지가 있지만, `pyinstaller`를 사용하는 방법을 소개합니다. `pyinstaller`는 파이 썬 스크립트를 독립 실행형 실행 파일로 변환해 주는 도구입니다.

4.3.1 PyInstaller 설치

먼저, PyInstaller를 설치해야 합니다. 터미널이나 명령 프롬프트에서 다음 명령을 실행하면 쉽게 설치할 수 있습니다.

```
pip install pyinstaller
```

4.3.2 파이썬 스크립트를 실행 파일로 변환

작성한 파이썬 스크립트를 실행 파일로 변환해야 합니다.

예를 들어, 스크립트 파일의 이름이 game.py라고 가정해 보겠습니다. 터미널이나 명령 프롬프트에서 다음 명령을 실행하면 됩니다.

```
pyinstaller --onefile game.py
```

아래 그림을 참고해 주세요.

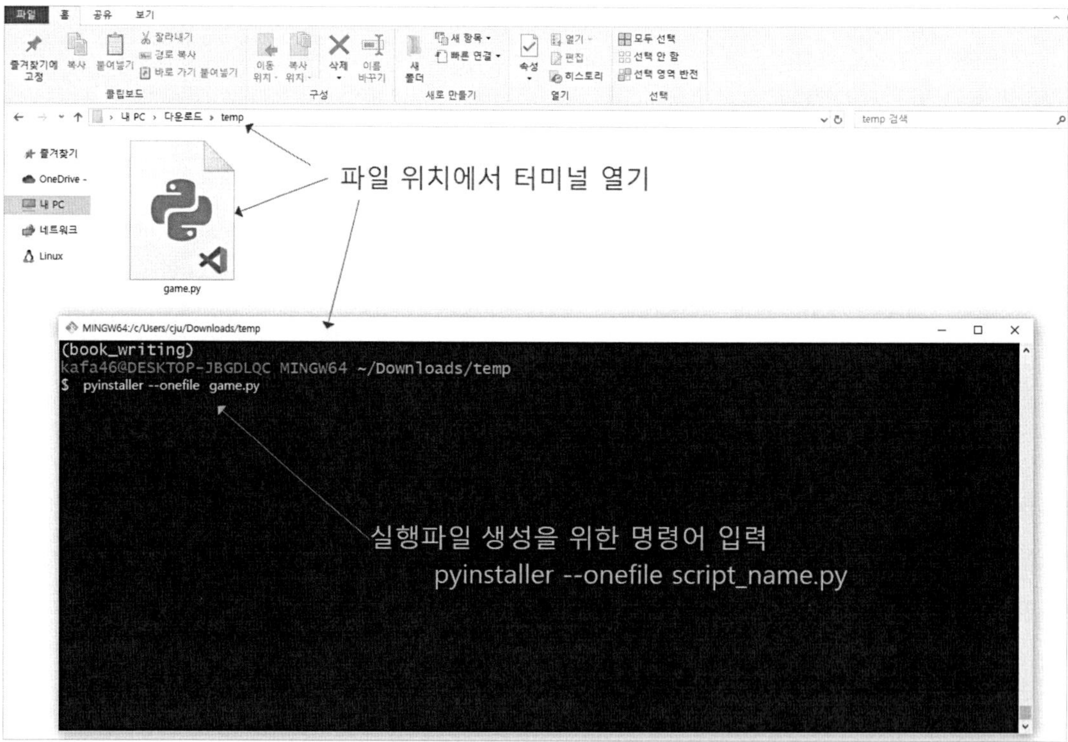

Fig. 4.5 pyinstaller를 이용하기 위한 터미널 실행 및 명령어 입력

명령어를 실행하면 현재 폴더에 다음과 같은 폴더와 파일이 생성됩니다.

- `build` 폴더: 실행 파일을 만들기 위해 사용한 임시 생성 파일
- `dist` 폴더: 최종 실행 파일이 저장된 폴더
- `script_name.spec` 파일: 실행 파일을 생성하기 위한 명세서(specification, Spec) 내용이 기록됩니다.

아래 그림을 참고하세요.

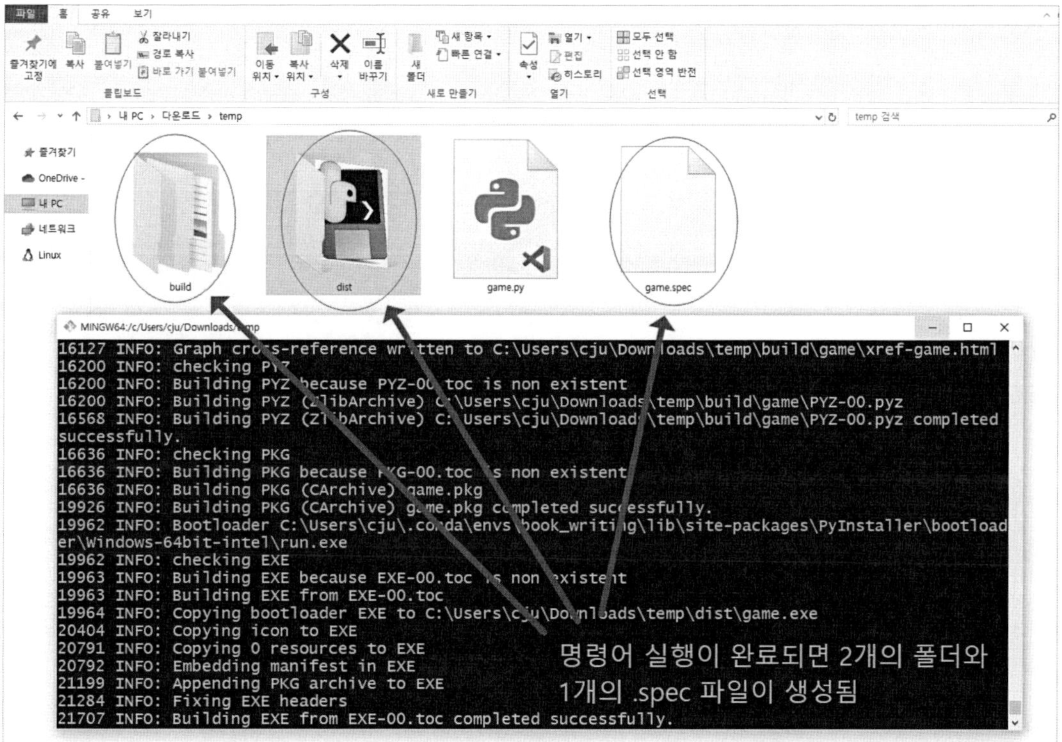

Fig. 4.6 pyinstaller를 이용하기 위한 터미널 실행 및 명령어 입력

`build` 폴더와 `.spec` 파일은 삭제해도 무방합니다. `dist` 폴더에 있는 실행 파일을 다른 위치로 옮기거나 친구에게 이메일을 보내도 잘 작동합니다.

⚠ Warning

pyinstaller 실행할 때 –onefile 옵션을 사용하지 않은 경우

build 폴더와 .spec 파일은 계속 동일한 폴더에 유지해야 하는 상황이 발생할 수도 있습니다. 자세한 내용은 PyInstaller 공식문서(https://pyinstaller.org/en/stable/)를 참고하기 바랍니다.

이 명령은 game.py 스크립트를 한 개의 실행 파일로 변환합니다.

변환이 완료되면 현재 작업 폴더에 `dist` 폴더가 생깁니다. `dist` 폴더 안에 `game`이라는 실행 파일이 생성됩니다.

4.3.3 실행 파일 실행

`dist` 디렉토리 안의 실행 파일을 더블 클릭하여 게임을 실행할 수 있습니다.

4.4 도전 프로젝트

우리는 GUI 실습으로 간단한 슈팅 게임을 만들어 봤습니다.

실습으로 만든 슈팅 게임에 2가지 작업을 추가해 봅시다. - 현재 점수를 표시 추가 - 플레이어를 한쪽(왼쪽 또는 오른쪽)으로 계속 움직이면 화면(캔버스)에서 사라지는 현상 없애기 - 점수(`self.score`)가 높아지면 게임 레벨(level)을 적용하여 운영하기

4.4.1 현재 점수 추가하기

현재 점수를 추가하는 라벨을 추가합니다.

```
# 현재 점수 표시 라벨
self.score_label = tk.Label(
    self.window, text="Score: 0", fg="white", bg="black"
)
self.score_label.pack(side=tk.RIGHT, padx=10)
```

update_labels 메서드에 점수 라벨 업데이트 코드를 추가합니다.

```
def update_labels(self):
    self.failure_label.config(
        text=f"Failures: {self.failures}"
    )
    self.collision_label.config(
        text=f"Collisions: {self.collisions}"
    )
    # 현재 점수 업데이트 코드 추가
    self.score_label.config(
        text=f"Score: {self.score}"
    )
```

4.4.2 화면(캔버스) 밖으로 나가지 않도록 처리

플레이어가 화면 밖으로 나가지 않도록 보완하려면 플레이어의 이동 범위를 제한해야 합니다. 이를 위해 move_left와 move_right 메서드에서 플 레이어의 위치를 확인하고, 화면 경계를 넘지 않도록 조건을 추가하면 됩니다.

move_left 메서드

- 플레이어의 현재 좌표를 확인
- 플레이어가 화면의 왼쪽 경계를 넘지 않도록 이동을 제한
- if player_coords[0] > 0: 조건을 추가하여 플레이어가 왼쪽 경계를 넘지 않도록 처리

```
def move_left(self, event, distance: int = -20):
    if self.running:
        player_coords = self.canvas.coords(self.player)
        if player_coords[0] > 0:
            self.canvas.move(self.player, -20, 0)
```

`move_right` 메서드

- 플레이어의 현재 좌표를 확인
- 플레이어가 화면의 오른쪽 경계를 넘지 않도록 이동을 제한
- `if player_coords[2] < self.width:` 조건을 추가하여 플레이어가 오른쪽 경계를 넘지 않도록 처리

```
def move_right(self, event, distance: int = 20):
    if self.running:
        player_coords = self.canvas.coords(self.player)
        if player_coords[2] < self.width:
            self.canvas.move(self.player, 20, 0)
```

4.4.3 게임 레벨 운영하기

우리의 슈팅 게임에는 레벨이 없습니다. 계속해서 똑같은 속도로 진행되기 때문에 재미가 없습니다. 기존 코드를 업그레이드하여 게임 레벨을 3단계로 확장해 보세요.

레벨을 관리하기 위해서는 다음과 같이 설정할 수 있겠습니다.

- 레벨 1: 점수가 0 ~ 14점 → 적의 속도 5로 설정
- 레벨 2: 점수가 15 ~ 29점 → 적의 속도 10로 설정
- 레벨 3: 점수가 30점 이상 → 적의 속도 15로 설정
- 레벨 관리를 위한 변수(attribute)와 메서드를 도입합니다.

```
class ShootingGame:
    def __init__(self, root):
        # 이전 코드와 동일

        # 레벨 관리 변수 설정
        self.level = 1          # 시작 레벨
        self.enemy_speed = 5    # 적 속도
```

move_enemies 메서드에서 self.enemy_speed 값을 이용하도록 변경합니다.

```
# def move_enemies(self, distance=5):
def move_enemies(self):
    '''적 객체 이동
    - Args:
        - distance: 한번에 5픽셀 이동(적 이동 속도)
    '''
    for enemy in self.enemies: self.canvas.move(
            enemy, # 캔버스 내에서 이동할 객체 이름
            0, # 이동할 객체의 좌측 상단 x좌표로부터 이동할 값(픽셀)
            self.enemy_speed, # 이동할 객체의 좌측 상단 y좌표로부터 이동할 값(픽셀)
        )
        if self.canvas.coords(enemy)[3] > 600: # y1 좌표값 확인
            self.canvas.delete(enemy) # 캔버스에서 객체 삭제
            self.enemies.remove(enemy) # 리스트에서 객체 삭제
            self.failures += 1 # 놓친 횟수 증가
```

update_level 메서드를 추가합니다.

```
def update_level(self):
    if self.score >= 30:
        self.level = 3
        self.enemy_speed = 15
    elif self.score >= 15:
        self.level = 2
        self.enemy_speed = 10
    else:
        self.level = 1
        self.enemy_speed = 5
```

매 업데이트 시 점수를 확인하여 게임 레벨을 업데이트할 수 있도록 update_game 메서드를 업그레이드합니다.

```python
def update_game(self, interval: int = 50):
    '''게임 상황을 업데이트'''
    if self.running:
        self.move_bullets() # 총알 이동
        self.create_enemy() # 적 생성
        self.move_enemies() # 적 이동
        self.check_collisions() # 충돌 확인
        self.check_game_over() # 게임 종료 상황 확인
        self.update_labels()  # 라벨 업데이트

        # 게임 레벨 업데이트  추가
        self.update_level()

        # 일정 시간이 지나면 업데이트를 반복적으로 수행
        self.window.after(
            ms=interval, # 시간 간격 설정: 50 밀리초(0.05초) 이후에 실행
            func=self.update_game # ms 이후에 실행할 함수 이름
        )
```

리셋 버튼을 클릭했을 경우 게임 레벨을 1로 조정하기 위해 `self.enemy_speed` 값을 5로 재설정합니다. `reset_game` 메서드를 다음과 같이 수정합니다.

```python
def reset_game(self, offset=20): self.score = 0
    self.failures = 0
    self.collisions = 0
    self.level = 1
    self.enemy_speed = 5
    for bullet in self.bullets:
        self.canvas.delete(bullet)
    for enemy in self.enemies:
        self.canvas.delete(enemy)
    self.bullets.clear()
    self.enemies.clear()
    self.canvas.coords(
        self.player,
        self.width/2 - offset, self.height - 20, # 플레이어 좌측상단 좌표
        self.width/2 + offset, self.height       # 플레이어 우측하단 좌표
    )
```

업그레이드 내용을 포함한 전체 코드는 여기를 참고하세요.

제
5
장

인터넷과 파이썬

인터넷은 전 세계적으로 연결된 컴퓨터 네트워크의 집합체로, 수많은 정보와 서비스를 공유하고 접근할 수 있도록 하는 거대한 정보 통신망입니다. 인터넷의 역사는 1960년대 미국 국방부의 연구 프로젝트인 ARPANET에서 시작되었습니다.

이 프로젝트는 다양한 컴퓨터 시스템 간의 신뢰할 수 있는 통신 방법을 개발하는 것을 목표로 했습니다. ARPANET의 성공을 바탕으로, 인터넷은 점차 확장되었고, 오늘날의 글로벌 네트워크로 성장하게 되었습니다.

인터넷은 겁나게 큰 컴퓨터 네트워크라고 생각하면 쉽습니다.

우리는 이번 장에서 파이썬을 활용해 인터넷(HTTP 기반 웹서비스)을 사용하는 방법에 대해 공부할 것입니다.

Fig. 5.1 파이썬을 이용해 다양한 인터넷 서비스를 구현할 수 있습니다.

본격적인 학습에 앞서 인터넷의 (1) 구성 요소 및 (2) 작동 원리에 대해 간단히 소개하겠습니다.

사실 인터넷에 대한 자세한 내용을 학습하려면 대학교 1학기 정도 수업을 들어야 하지만, 인터넷에 대한 깊은 이해는 이 책의 범위를 벗어나기 때문에 아주 간략하게 소개하겠습니다.

인터넷의 주요 구성 요소

인터넷은 하드웨어, 프로토콜, 서비스로 구성됩니다.

하드웨어

- 인터넷의 기본 구성 요소는 라우터, 스위치, 서버, 컴퓨터 및 기타 네트워크 장비입니다. 대부분 가정에서는 인터넷 공유기와 공유기에 연결된 컴퓨터의 랜카드가 바로 네트워크 장비입니다.
- 장비들은 물리적으로 연결되어 데이터를 주고받습니다.
  가정집 어딘가 설치되어 있는 통신사(KT, SKT, LG U+ 등)의 인터넷 장비와 랜선으로 연결되어 있는 상황으로 이해하면 쉽습니다.
- 데이터는 광섬유 케이블, 위성, 무선 네트워크 등을 통해 전송됩니다.
  무언가를 연결하는 매체를 영어로 미디엄(medium)이라고 합니다. 여러 개(복수)를 뜻하는 경우 미디어(media)라고 부릅니다. 인터넷의 구성 요소를 연결하는 미디어(media)는 랜케이블, 무선, 광케이블 등이 사용됩니다.

프로토콜

어떤 일을 할 때 정해진 규칙을 프로토콜(protocol)이라고 합니다.

예를 들어 대통령이 외국 손님을 맞이하는 절차를 정해 놓은 것을 의전 프로토콜 이라고 합니다. 콘서트를 전문으로 진행해 주는 회사가 있다면, 그 회사는 콘서트 진행 프로토콜을 가지고 있을 것입니다.

인터넷도 프로토콜이 있습니다. 먼저 보내는 객체와 받는 객체 사이에 미리 규칙을 정해 놓아야 합니다. 그 약속에 따라 데이터를 주고 받아야 서로간에 해석이 되는건 너무나 당연하겠죠? 인터넷은 다양한 통신 프로토콜을 사용하여 데이터를 전송합니다.

가장 중요한 프로토콜은 TCP/IP(Transmission Control Protocol/Internet Protocol)입니다.

- TCP/IP는 데이터 패킷의 전송과 라우팅을 관리하는 표준 프로토콜입니다.
- HTTP(HyperText Transfer Protocol)는 웹 페이지를 요청하고 전달하는 데 사용되는 프로토콜입니다.

서비스

인터넷은 다양한 서비스를 제공합니다. 가장 대표적인 서비스는 웹 서비스로, 월드 와이드 웹(WWW)을 통해 웹사이트와 웹 애플리케이션을 사용할 수 있습니다. 이메일, 파일 전송, 온라인 채팅, 스트리밍 미디어, 소셜 네트워크 서비스 등도 인터넷을 통해 제공되는 주요 서비스입니다.

인터넷의 작동 원리

■ 데이터 전송

인터넷에서 데이터는 작은 패킷으로 나누어 전송됩니다. 각 패킷은 목적지 주소를 포함하고 있으며, 여러 경로를 통해 목적지로 전달됩니다. 라우터는 데이터 패킷을 최적의 경로로 전달하는 역할을 합니다. 패킷은 목적지에 도착한 후 다시 원래의 데이터로 조립됩니다.

■ 도메인 네임 시스템(DNS)

DNS는 사람이 읽을 수 있는 도메인 이름을 IP 주소로 변환하는 역할을 합니다. 예를 들어, 사용자가 웹 브라우저에 "www.example.com"을 입력하면, DNS는 이를 해당 IP 주소로 변환하여 서버에 요청을 보냅니다.

■ 클라이언트-서버 모델

인터넷 서비스는 대부분 클라이언트-서버 모델을 기반으로 작동합니다. 클라이언트는 서비스를 요청하는 사용자 장치이며, 서버는 요청을 처리하여 응답을 반환하는 컴퓨터시스템입니다. 예를 들어, 사용자가 웹 페이지를 요청하면, 웹 서버는 요청된 페이지를 클라이언트에 전달합니다.

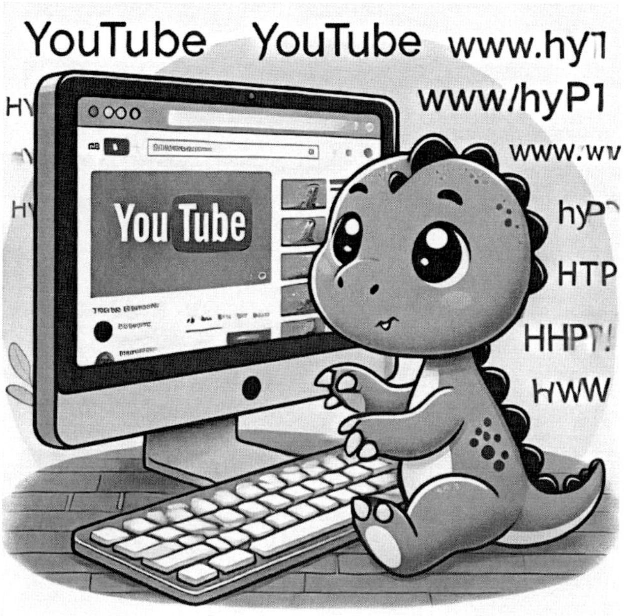

Fig. 5.2 인터넷 서비스는 대부분 서버-클라이언트 기반 구조에서 HTTP 프로토콜을 이용해 제공됩니다.

이제부터 파이썬을 이용해 인터넷을 사용하는 방법에 대한 학습을 시작하겠습니다.

5.1 서버-클라이언트 구조

서버-클라이언트 구조(Server-Client Architecture)는 네트워크 컴퓨팅 환경에서 주로 사용되는 아키텍처로, 서버와 클라이언트라는 두 가지 주요 구성 요소로 이루어집니다.

서버-클라이언트 구조는 다양한 네트워크 기반 서비스와 응용 프로그램에서 사용되며, 다음과 같은 개념으로 구성됩니다.

Fig. 5.3 서버-클라이언트 구조는 인터넷에서 가장 많이 사용하는 구조입니다.

5.1.1 서버(Server)

- 서버는 네트워크를 통해 클라이언트에 서비스를 제공하는 컴퓨터 시스템입니다.
- 데이터 저장, 처리, 관리, 및 응용 프로그램 제공과 같은 다양한 기능을 수행합니다.
- 서버는 여러 클라이언트의 요청을 처리하고 응답할 수 있도록 설계되어 있습니다.

5.1.2 클라이언트(Client)

- 클라이언트는 서버로부터 서비스를 요청하고 받는 컴퓨터 시스템 또는 소프트웨어 응용 프로그램입니다.
- 사용자가 직접 사용하는 장치(예: PC, 스마트폰, 태블릿)나 특정 응용 프로그램이 클라이언트로 작동합니다.
- 클라이언트는 서버에 특정 요청을 보내고, 서버는 해당 요청을 처리하여 응답을 반환합니다.

5.1.3 서버-클라이언트 예시

- **웹 서버와 웹 브라우저**: 웹 브라우저(클라이언트)는 웹 서버에 HTTP 요청을 보내고, 웹 서버는 해당 요청을 처리하여 HTML 문서를 반환합니다.
- **파일 서버와 파일 공유 클라이언트**: 파일 서버는 네트워크를 통해 파일을 저장하고 관리하며, 클라이언트는 파일 서버에 접속하여 파일을 업로드하거나 다운로드할 수 있습니다.
- **데이터베이스 서버와 응용 프로그램**: 데이터베이스 서버는 데이터베이스를 관리하며, 응용 프로그램(클라이언트)은 데이터베이스 서버에 쿼리를 보내어 데이터를 조회하거나 수정합니다.

5.1.4 서버-클라이언트 구조의 장단점

장점

- **중앙 집중식 관리**: 데이터와 자원이 중앙 서버에 집중되어 관리됩니다. 이는 데이터 일관성 유지와 보안 관리에 유리합니다.
- **확장성**: 여러 클라이언트를 쉽게 추가할 수 있으며, 서버의 성능을 향상시키는 방식으로 전체 시스템의 성능을 확장할 수 있습니다.
- **유지보수 용이**: 서버에서 소프트웨어 업데이트나 변경 사항을 중앙에서 관리할 수 있어 유지보수가 용이합니다.

단점

- **서버의 과부하**: 다수의 클라이언트 요청이 집중되면 서버에 과부하가 발생할 수 있으며, 이는 성능 저하를 초래할 수 있습니다.
- **단일 장애점**: 서버가 고장나면 전체 시스템이 중단될 위험이 있습니다. 이를 방지하기 위해 서버 이중화나 백업 시스템을 도입할 필요가 있습니다.

5.1.5 서버-클라이언트 구조의 동작

서버-클라이언트 구조의 동작은 주로 요청(request)과 응답(response) 메커니즘으로 이루어집니다. 이를 통해 클라이언트와 서버 간의 정보 교환이 이루어집니다. 다음은 서버-클라이언트 구조의 동작 원리에 대한 설명입니다.

요청(Request)

- 클라이언트: 클라이언트는 사용자의 입력이나 특정 이벤트에 따라 서버에 요청을 보냅니다. 이 요청은 클라이언트가 서버에 데이터나 서비스를 요청하는 행위입니다.

Fig. 5.4 사용자(클라이언트)가 서버에게 뭔가를 요청하는 행위를 "Request"라고 합니다.

- **전송**: 요청은 네트워크를 통해 서버로 전달됩니다. 이때 HTTP, HTTPS와 같은 프로토콜을 사용하여 요청을 전송합니다.
- **예시**: 웹 브라우저에서 사용자가 URL을 입력하면, 웹 브라우저는 해당 URL에 대한 HTTP 요청을 서버에 보냅니다.

처리(Processing)

- **서버**: 서버는 클라이언트로부터 받은 요청을 처리합니다. 요청된 리소스나 데이터를 검색하거나, 특정 작업을 수행합니다.
- **응답 준비**: 서버는 요청을 처리한 결과를 바탕으로 응답을 준비합니다. 이 응답에는 요청한 데이터나 리소스, 또는 작업의 결과가 포함됩니다.
- **예시**: 웹 서버는 요청된 웹 페이지를 검색하여 클라이언트에 반환할 HTML 파일을 준비합니다.

Fig. 5.5 사용자로부터 요청(Request)를 받아서 답변하기 위해 일하는 것을 "Processing"이라고 합니다.

응답(Response)

- **서버**: 서버는 준비된 응답을 클라이언트에게 돌려보냅니다. 이 응답은 클라이언트가 요청한 정보를 포함하고 있습니다.
- **전송**: 응답은 네트워크를 통해 클라이언트로 전달됩니다. HTTP, HTTPS 프로토콜을 통해 전송됩니다.
- **클라이언트**: 클라이언트는 서버로부터 받은 응답을 처리하여 사용자에게 표시합니다. 웹 브라우저의 경우, 서버로부터 받은 HTML을 해석하여 웹 페이지로 렌더링합니다.

Fig. 5.6 사용자로부터 요청(Request)를 받아서 답변하기 위해 일하는 것을 "Processing"이라고 합니다.

5.2 Request 종류

HTTP Request는 하나의 메시지 객체로 만들어 서버로 전송합니다.

메시지에 다양한 정보를 실어서 서버로 보내야 서버가 클라이언트의 의도대로 일을 마치고 적절한 답변을 보내줄 것입니다. 메시지 구조도 미리 약속이 되어 있어야겠죠?

메시지 구조는 다음 그림과 같습니다.

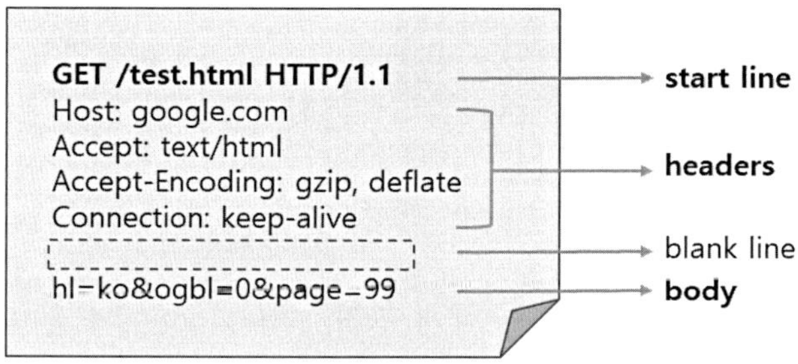

Fig. 5.7 Request 메시지 내부 구조

HTTP 메시지 구성요소 설명

- `start line`: HTTP 요청 방식(메서드), 요청하는 자원(문서, 이미지, 동영상 등) 경로, HTTP 버전을 띄워 쓰기로 구분하여 순서대로 기록합니다.
- `headers`: Request 자체에 대한 추가 정보(메타 정보라고 부르기도 함)를 `key`:`value` 형태로 기록합니다.
- `blank line`: 메시지 헤더(`headers`)와 본문 내용을 구분하기 위해 추가하는 빈 줄 (blank line)
- `body`: 실제 전송하는 데이터를 기록합니다. 전송 데이터가 없다면 비워 놓습니다. 만약 `POST` 방식으로 요청하게 되면 HTML `Form` 태그로 첨 부한 데이터가 여기에 기록됩니다.

HTTP Request 메소드는 클라이언트가 서버에 요청을 보낼 때 사용되는 다양한 명령어입니다. 각 메소드는 특정한 작업을 수행하도록 설계되었습니다.

Python의 `requests` 모듈을 통해 쉽게 사용할 수 있습니다. Python의 `requests` 모듈은 HTTP 요청을 보내고 응답을 받는 데 사용되는 간편하고 직관적인 라이브러리입니다. 이 모듈은 HTTP 요청을 손쉽게 다룰 수 있도록 설계되어 있어, 개발자들이 웹과 상호작용하는 다양한 응용 프로그램을 쉽게 작성할 수 있게 해줍니다.

HTTP 요청 메소드는 다양합니다.

- `GET`
- `POST`
- `PUT`
- `PATCH`
- `DELET`

종류가 많아서 혼란스러운가요?

좌절할 필요는 없습니다. 사실 다양한 종류를 만들어 놓은 것은 개발자에게 좋은 일입니다. 개발자는 서버-클라이언트 구조를 상황에 맞게 설계하고, 상황에 맞게 골라 쓸 수 있도록 해줍니다. 우선 `requests` 모듈을 설치하고, 각각이 어떤 의미를 갖는 메서드인지 살펴보도록 하겠습니다.

5.2.1 requests 모듈 설치

`requests` 모듈은 PyPI에서 쉽게 설치할 수 있습니다.

```
pip install requests
```

5.2.2 GET 요청

GET 요청은 서버로부터 데이터를 가져오는 데 사용됩니다. 주로 데이터를 조회하거나 웹 페이지를 요청할 때 사용되며, 서버에 어떠한 데이터도 변경하지 않는 경우에 사용합니다.

```python
import requests

# GET 요청
response = requests.get('https://api.example.com/data')
print(response.status_code)
print(response.text)

# URL 파라미터를 포함한 GET 요청
params = {'key1': 'value1', 'key2': 'value2'}
response = requests.get('https://api.example.com/data', params=params)
print(response.url)
print(response.json())
```

특징

- 요청 데이터는 URL의 쿼리 스트링에 포함됩니다.
- 캐시될 수 있습니다.
- 브라우저 기록에 저장됩니다.
- 북마크로 저장될 수 있습니다.

> **여기서 잠깐! 요청 파라미터(Request Parameter)란?**
>
> HTTP 요청에서 파라미터는 클라이언트가 서버에 추가적인 데이터를 전달하기 위해 사용하는 방법입니다. 파라미터는 주로 `URL 쿼리 스트링` 또는 요청 `본문(body)`에 포함됩니다.
>
> 파라미터는 서버가 클라이언트의 요청을 더 정확히 처리하고, 요청에 따라 적절한 응답을 반환하는 데 도움이 됩니다.

5.2.2.1 요청 파라미터의 종류

URL 쿼리 파라미터(`Query Parameters`)

- URL(인터넷 웹피이지 주소)의 끝에 `?` 기호를 사용하여 추가되는 `key-value` 쌍입니다.
- 만약 보낼 파라미터가 여러 개일 경우 파라미터는 `&` 기호로 구분됩니다.
- GET 요청에서 주로 사용됩니다.
- 예시:
  - https://api.example.com/data?key1=value1
  - https://api.example.com/data?area=news1&page=1
  - https://api.example.com/data?name=hong&org=cju&grade=3

서버는 쿼리 파라미터를 검사하여 json(파이썬의 경우 dict) 형태로 데이터를 뽑아서 쓰게 됩니다.

경로 파라미터(Path Parameters)

- URL 경로의 일부로 사용되는 변수입니다.
- RESTful API에서 리소스를 식별하는 데 자주 사용됩니다.
- 예시: https://api.example.com/data/123 (여기서 123은 경로 파라미터)

> **여기서 잠깐! RESTful API란 무엇인가요?**
>
> REST(Representational State Transfer) API는 웹 서비스를 설계하고 개발하는 데 널리 사용되는 아키텍처 스타일입니다.
>
> REST API는 HTTP 프로토콜을 기반으로 하여 클라이언트와 서버 간의 상호작용을 정의하며, 리소스 기반의 접근 방식을 사용합니다. RESTful 웹 서비스는 REST 원칙을 따르는 API를 의미합니다.

- 클라이언트-서버 구조를 사용할 것!
  클라이언트와 서버는 독립적으로 개발되고 유지될 수 있습니다. 클라이언트는 사용자 인터페이스를 담당하고, 서버는 데이터 저장과 비즈니스 로직을 처리합니다.
- 무상태(Stateless)일 것!
  각 요청은 독립적이며, 서버는 이전 요청의 상태를 저장하지 않습니다. 모든 필요한 정보는 요청에 포함되어야 합니다.
- 캐시 가능(Cacheable)할 것!
  HTTP의 캐싱 메커니즘을 사용하여 클라이언트가 응답을 캐싱할 수 있도록 합니다. 이는 네트워크 사용량과 서버 부하를 줄이는 데 도움이 됩니다.
- 계층화 시스템(Layered System)일 것!
  클라이언트는 여러 계층의 중간 서버를 통해 서버와 상호작용할 수 있습니다. 이는 보안, 로드 밸런싱, 캐싱 등을 지원합니다.
- 일관된 인터페이스(Uniform Interface)를 가질 것!
  리소스는 URI(Uniform Resource Identifier)를 통해 식별됩니다. 리소스에 대한 작업은 표준 HTTP 메소드를 사용하여 수행됩니다.

요청 본문 파라미터(Body Parameters)

- 요청 본문(body)에 포함되어 서버로 전송되는 데이터입니다.
- POST, PUT, PATCH 요청에서 주로 사용됩니다.
- JSON, XML, 폼 데이터 등 다양한 형식으로 전송될 수 있습니다.
- 예시:

```
{
    "key1": "value1",
    "key2": "value2"
}
```

5.2.3 POST 요청

POST 요청은 서버에 데이터를 전송하고, 주로 서버에 새로운 리소스를 생성할 때 사용됩니다. 폼 데이터를 제출하거나 파일 업로드와 같은 작업에 적합합니다.

```
import requests

# POST 요청
response = requests.post('https://api.example.com/data')
print(response.status_code)
print(response.text)

# JSON 데이터를 포함한 POST 요청
json_data = {'key1': 'value1', 'key2': 'value2'}
response = requests.post('https://api.example.com/data', json=json_data)
print(response.status_code)
print(response.json())
```

특징

- 요청 데이터는 HTTP 본문에 포함됩니다.
- 캐시되지 않습니다.
- 브라우저 기록에 저장되지 않습니다.
- 북마크로 저장될 수 없습니다.

5.2.4 PUT 요청

PUT 요청은 서버에 리소스를 업데이트할 때 사용됩니다.

주로 기존 리소스를 완전히 대체하거나 새로 생성하는 경우에 사용됩니다.

```
import requests

# PUT 요청
data = {'key1': 'updated_value1', 'key2': 'updated_value2'}
response = requests.put('https://api.example.com/data/1', data=data)
print(response.status_code)
print(response.text)

# JSON 데이터를 포함한 PUT 요청
json_data = {'key1': 'updated_value1', 'key2': 'updated_value2'}
response = requests.put('https://api.example.com/data/1', json=json_data)
print(response.status_code)
print(response.json())
```

특징

- 요청 데이터는 HTTP 본문에 포함됩니다.
- 전체 리소스를 업데이트합니다.

5.2.5 PATCH 요청

PATCH 요청은 서버에서 리소스의 일부를 업데이트할 때 사용됩니다.

PUT 요청과 달리 전체 리소스를 대체하지 않고 부분적인 업데이트만 수행합니다.

```
import requests

# PATCH 요청
data = {'key1': 'updated_value1'}
response = requests.patch('https://api.example.com/data/1', data=data)
print(response.status_code)
print(response.text)
```

```
# JSON 데이터를 포함한 PATCH 요청
json_data = {'key1': 'updated_value1'}
response = requests.patch('https://api.example.com/data/1', json=json_data)
print(response.status_code)
print(response.json())
```

특징

- 요청 데이터는 HTTP 본문에 포함됩니다.
- 부분적인 리소스 업데이트를 수행합니다.

5.2.6 DELETE 요청

DELETE 요청은 서버에서 리소스를 삭제할 때 사용됩니다.

```
import requests

# DELETE 요청
response = requests.delete('https://api.example.com/data/1')
print(response.status_code)
print(response.text)
```

특징

- 요청 데이터는 HTTP 본문에 포함되지 않습니다.
- 서버의 리소스를 삭제합니다.

5.3 requests 모듈 둘러보기

서버-클라이언트 구조와 Request 종류를 살펴 보았으니, 실제로 파이썬 requests 모듈에 대해 조금 더 자세히 알아보겠습니다.

모든 내용을 모두 파악하기에는 내용이 방대하므로, 자주 사용하는 get(), post(), delete() 메서드를 중심으로 학습하겠습니다. 자세한 내용은 공식 문서를 참고해 주세요.

5.3.1 get() 메서드 활용

기본 문법

```
# 개발자가 사용할 수 있는 파라미터 목록은 아래 표를 참고할 것
requests.get(url, params={key: value}, args)
```

개발자가 사용할 수 있는 get() 메서드의 파라미터

Parameter	Description
url	Required. 요청을 보낼 URL을 지정
params	Optional. 쿼리 스트링으로 보낼 사전, 튜플 목록 또는 바이트. 기본값: None
allow_redirects	Optional. 리디렉션을 허용할지 여부를 설정하는 불리언 값. 기본값: True (리디렉션 허용)
auth	Optional. 특정 HTTP 인증을 활성화하기 위한 튜플. 기본값: None
cert	Optional. 인증서 파일 또는 키를 지정하는 문자열 또는 튜플. 기본값: None
cookies	Optional. 지정된 URL로 보낼 쿠키의 사전. 기본값: None
headers	Optional. 지정된 URL로 보낼 HTTP 헤더의 사전. 기본값: None
proxies	Optional. 프로토콜에서 프록시 URL로의 매핑을 지정하는 사전. 기본값: None
stream	Optional. 응답을 즉시 다운로드할지 (False) 또는 스트리밍할지 (True)를 나타내는 불리언 값. 기본값: False
timeout	Optional. 클라이언트가 연결을 설정하고/또는 응답을 받기 위해 대기할 시간을 초 단위로 나타내는 숫자 또는 튜플. 기 본값: None(연결이 닫힐 때까지 계속 요청)
verify	Optional. 서버의 TLS 인증서를 검증할지 여부를 나타내는 불리언 값 또는 문자열. 기본값: True

Return value (반환 값)

- A requests.Response object.

간단 예제 ```python import requests

```
x = requests.get('https://w3schools.com')
print(x.status_code)
```
```
```

5.3.2 put() 메서드 활용

기본 문법

```
requests.post(url, data={key: value}, json={key: value}, args)
# args: 전달할 키워드 인자, 없으면 생략 가능

# timeout args를 추가하는 예제
# 개발자가 사용할 수 있는 파라미터 목록은 아래 표를 참고할 것
requests.post(url, data = myobj, timeout=2.50)
```

개발자가 사용할 수 있는 post() 메서드의 파라미터

Parameter	Description
url	Required. 요청을 보낼 URL을 지정
data	Optional. 지정된 URL로 보낼 사전, 튜플 목록, 바이트 또는 파일 객체. 기본값: None.
json	Optional. 지정된 URL로 보낼 JSON 객체. 기본값: None
files	Optional. 지정된 URL로 보낼 파일의 사전. 기본값: None.
allow_redirects	Optional. 리디렉션을 허용할지 여부를 설정하는 불리언 값. 기본값: True (리디렉션 허용)
auth	Optional. 특정 HTTP 인증을 활성화하기 위한 튜플. 기본값: None
cert	Optional. 인증서 파일 또는 키를 지정하는 문자열 또는 튜플. 기본값: None
cookies	Optional. 지정된 URL로 보낼 쿠키의 사전. 기본값: None
headers	Optional. 지정된 URL로 보낼 HTTP 헤더의 사전. 기본값: None
proxies	Optional. 프로토콜에서 프록시 URL로의 매핑을 지정하는 사전. 기본값: None
stream	Optional. 응답을 즉시 다운로드할지 (False) 또는 스트리밍할지 (True)를 나타내는 불리언 값. 기본값: False
timeout	Optional. 클라이언트가 연결을 설정하고/또는 응답을 받기 위해 대기할 시간을 초 단위로 나타내는 숫자 또는 튜플. 기 본값: None(연결이 닫힐 때까지 계속 요청)
verify	Optional. 서버의 TLS 인증서를 검증할지 여부를 나타내는 불리언 값 또는 문자열. 기본값: True

Return value (반환 값)

- requests.Response object.

간단 예제

```
import requests

# 서버로 보낼 데이터 준비
data = {
    'name': 'Hong',
    'age': 23,
    'msg': 'Hello world!',
}

# POST 방식으로 데이터를 실어서 요청
response = requests.post('https://api.example.com/data', data=data)
```

5.3.3 delete() 메서드 활용

기본 문법

```
requests.delete(url, args)
# args: 전달할 키워드 인자, 없으면 생략 가능

# timeout args를 추가하는 예제
# 개발자가 사용할 수 있는 파라미터 목록은 아래 표를 참고할 것
requests.delete(url, timeout=2.50)
```

개발자가 사용할 수 있는 post() 메서드의 파라미터

Parameter	Description
url	Required. 요청을 보낼 URL을 지정.
allow_redirects	Optional. 리디렉션을 허용할지 여부를 설정하는 불리언 값. 기본값: True (리디렉션 허용)
auth	Optional. 특정 HTTP 인증을 활성화하기 위한 튜플. 기본값: None
cert	Optional. 인증서 파일 또는 키를 지정하는 문자열 또는 튜플. 기본값: None
cookies	Optional. 지정된 URL로 보낼 쿠키의 사전. 기본값: None
headers	Optional. 지정된 URL로 보낼 HTTP 헤더의 사전. 기본값: None
proxies	Optional. 프로토콜에서 프록시 URL로의 매핑을 지정하는 사전. 기본값: None
stream	Optional. 응답을 즉시 다운로드할지 (False) 또는 스트리밍할지 (True)를 나타내는 불리언 값. 기본값: False
timeout	Optional. 클라이언트가 연결을 설정하고/또는 응답을 받기 위해 대기할 시간을 초 단위로 나타내는 숫자 또는 튜플. 기 본값: None(연결이 닫힐 때까지 계속 요청)
verify	Optional. 서버의 TLS 인증서를 검증할지 여부를 나타내는 불리언 값 또는 문자열. 기본값: True

Return value (반환 값)

- `requests.Response` object.

간단 예제

```
import requests

x = requests.delete('https://w3schools.com/python/demopage.php')

print(x.text)
```

5.3.4 헤더(header) 설정

HTTP 요청 헤더는 클라이언트가 서버에 요청을 보낼 때 추가적인 정보를 포함시키기 위해 사용되는 메타데이터. 이 헤더는 서버가 요청을 더 잘 이해하고 처리할 수 있도록 도와줍니다.

`Request` 보낼 때 URL 헤더를 손쉽게 추가할 수 있습니다. API 인증이나 특정 데이터를 요청할 때 유용

`Header` 보내기 간단 예제

```
import requests

# 헤더 작성
headers = {'Authorization': 'Bearer YOUR_TOKEN'}

# 헤더를 실어서 GET 방식으로 요청하기
response = requests.get('https://api.example.com/data', headers=headers)
```

자주 사용하는 Reqhest Header 종류

Header	Description
Host	요청이 전송될 서버의 도메인 이름을 지정
User-Agent	클라이언트 SW 정보 포함. 브라우저나 애플리케이션의 이름과 버전을 명시
Accept	클라이언트가 처리할 수 있는 콘텐츠 타입을 지정
Accept-Language	클라이언트가 선호하는 응답 언어를 지정
Accept-Encoding	클라이언트가 이해할 수 있는 콘텐츠 인코딩 방식을 지정
Content-Type	요청 본문(body)의 MIME 타입을 지정 POST나 PUT 요청에서 주로 사용
Authorization	인증 정보를 포함 API 키나 토큰을 포함하는 데 사용
Referer	현재 요청이 어디에서 유래되었는지를 명시
Cookie	클라이언트가 서버에 보내는 쿠키 데이터를 포함
Cache-Control	요청과 응답의 캐싱 방식을 제어

5.3.5 JSON 데이터 처리

requests 모듈은 JSON 데이터를 쉽게 처리할 수 있는 기능을 제공 응답 데이터를 JSON 형식으로 파싱하거나, 요청 시 JSON 데이터를 보낼 수 있습니다.

```
import requests

# GET 방식으로 요청하기
response = requests.get('https://api.example.com/data')

# RESPONSE에 json 데이터가 있는 경우 파이썬 dict 자료구조로 추출
json_data = response.json()

# json 데이터를 실어서 POST 방식으로 요청하기
response = requests.post('https://api.example.com/data', json={'key': 'value'})
```

5.3.6 타임아웃 및 오류 처리

네트워크 요청 시 타임아웃을 설정할 수 있으며, 오류 발생 시 예외 처리를 통해 안전하게 코드를 실행할 수 있습니다.

```
import requests

try:
    response = requests.get('https://api.example.com/data', timeout=5)
    response.raise_for_status()

except requests.exceptions.Timeout:
    print('The request timed out')

except requests.exceptions.RequestException as e:
    print('An error occurred:', e)
```

5.3.7 세션 및 쿠키 관리

Python의 requests 모듈에서 Session 객체를 사용하는 이유는 여러 가지가 있습니다. Session 객체를 사용하면 여러 요청 간에 설정, 쿠키, 연결 풀링 등을 공유할 수 있어 성능과 효율성을 향상시킬 수 있습니다. 다음은 Session 객체를 사용하는 주요 이유와 예시입니다.

연결 풀링(Connection Pooling)

Session 객체는 동일한 호스트에 대한 여러 요청 간에 연결을 재사용하므로, 새로운 연결을 설정하는 오버헤드를 줄일 수 있습니다. 이는 성능을 크게 향상시킬 수 있습니다.

쿠키 유지(Cookie Persistence)

Session 객체는 여러 요청 간에 쿠키를 유지 이를 통해 로그인 상태와 같은 세션 정보를 쉽게 관리할 수 있습니다.

공유된 설정(Shared Configuration)

Session 객체를 사용하면 기본 헤더, 인증 정보 등 공통 설정을 여러 요청에 쉽게 적용할 수 있습니다.

성능 향상(Performance Improvement)

연결 풀링과 쿠키 유지를 통해 성능이 향상됩니다. 이는 특히 동일한 서버에 반복적으로 요청을 보낼 때 유용

requests 모듈은 세션 객체를 통해 지속적인 연결을 유지하고, 쿠키를 관리할 수 있습니다. 이는 로그인 세션이나 상태를 유지하는 데 유용

기본적인 Session 사용

```
import requests

# Session 객체 생성
session = requests.Session()

# 공통 헤더 설정
session.headers.update({'User-Agent': 'my-app/0.0.1'})

# 첫 번째 요청
response = session.get('https://api.example.com/endpoint1')
print(response.status_code)
print(response.text)

# 두 번째 요청 (쿠키 및 설정이 유지됨)
response = session.get('https://api.example.com/endpoint2')
print(response.status_code)
print(response.text)

# 세션 종료
session.close()
```

쿠키 유지

```
import requests

# Session 객체 생성
session = requests.Session()

# 로그인 요청 (쿠키 저장)
login_data = {'username': 'user', 'password': 'pass'}
session.post('https://api.example.com/login', data=login_data)

# 로그인 후 다른 요청 (쿠키가 자동으로 사용됨)
response = session.get('https://api.example.com/profile')
print(response.status_code)
print(response.json())

# 세션 종료
session.close()
```

인증 정보 공유

```
import requests
from requests.auth import HTTPBasicAuth

# Session 객체 생성
session = requests.Session()

# 인증 정보 설정
session.auth = HTTPBasicAuth('username', 'password')

# 첫 번째 요청 (인증 정보가 자동으로 사용됨)
response = session.get('https://api.example.com/secure-data1')
print(response.status_code)
print(response.json())

# 두 번째 요청 (인증 정보가 자동으로 사용됨)
response = session.get('https://api.example.com/secure-data2')
print(response.status_code)
print(response.json())

# 세션 종료
session.close()
```

5.4 Response 객체 살펴보기

requests 객체를 이용하여 서버에 요청을 보내면, 서버는 processing 과정을 거쳐 결과를 Response 객체에 담아서 클라이언트에게 보내줍니다. 아래 코드에서는 response 변수에 담기게 됩니다.

```
response = requests.get('https://api.example.com/data')
```

그렇다면 Response 객체에는 도대체 어떤 정보가 담겨 있으며, 어떤 메서드를 사용할 수 있을까요? 아주 간단하게 서버가 보내온 상태 코드(status code) 확인해 보겠습니다.

```python
import requests

x = requests.get('https://w3schools.com')

print(x.status_code) # 200 출력됨
```

5.4.1 Response 객체 정의

`Response` 객체가 가지고 있는 모든 속성과 메서드는 다음 표와 같습니다.

Property/Method	Description
apparent_encoding	예상 인코딩을 반환
close()	서버와의 연결 종료
content	응답의 내용을 바이트 단위로 반환
cookies	서버에서 반환된 쿠키가 포함된 CookieJar 객체를 반환
elapsed	요청을 보낸 시점부터 응답이 도착한 시점까지의 시간을 나타내는 timedelta 객체를 반환
encoding	r.text를 디코딩하는 데 사용되는 인코딩을 반환
headers	응답 헤더를 사전 형태로 반환
history	요청의 이력을 가진 응답 객체의 리스트를 반환
is_permanent_redirect	응답이 영구 리디렉션된 URL인지 여부를 나타내는 True 또는 False를 반환
is_redirect	응답이 리디렉션되었는지 여부를 나타내는 True 또는 False를 반환
iter_content()	응답의 내용을 청크 단위로 순회
iter_lines()	응답의 내용을 라인 단위로 순회
json()	결과를 JSON 객체로 반환(결과가 JSON 형식으로 작성되지 않은 경우 오류가 발생)
links	헤더 링크를 반환
next	리디렉션에서 다음 요청을 위한 PreparedRequest 객체를 반환
ok	status_code가 400보다 작은 경우 True, 그렇지 않은 경우 False를 반환
raise_for_status()	오류가 발생한 경우 HTTPError 객체를 반환
reason	상태 코드에 해당하는 텍스트를 반환
request	이 응답을 요청한 요청 객체를 반환
status_code	상태를 나타내는 숫자를 반환(예: 200은 OK, 404는 Not Found)
text	응답의 내용을 유니코드로 반환
url	응답의 URL을 반환

5.4.2 Response 객체 활용하기

다양한 형태로 Response 객체를 활용할 수 있습니다.

```
import requests

# 데모를 위한 예제 URL
url = 'https://jsonplaceholder.typicode.com/posts/1'

# GET 요청 보내기
response = requests.get(url)

# Response 객체의 주요 속성과 메서드 데모
print("URL:", response.url)
print("상태 코드:", response.status_code)
print("사유:", response.reason)
print("헤더:", response.headers)
print("텍스트 (처음 100자):", response.text[:100])
print("콘텐츠 (처음 100자):", response.content[:100])
print("JSON (해당되는 경우):", response.json())
print("인코딩:", response.encoding)
print("소요 시간:", response.elapsed)
print("히스토리:", response.history)
print("요청 객체:", response.request)

# 성공적인 상태 코드인지 확인
if response.ok:
    print("요청이 성공했습니다.")

# 잘못된 응답에 대해 예외 발생 예제
try:
    response.raise_for_status()
except requests.exceptions.HTTPError as err:
    print("HTTP 오류 발생:", err)

# 응답 콘텐츠를 줄 단위로 반복하는 예제
for line in response.iter_lines():
    if line:
        print(line.decode('utf-8'))

# 응답 콘텐츠를 파일에 저장하는 예제
with open('response_content.txt', 'wb') as file:
    file.write(response.content)

# 리소스 해제를 위해 응답 종료
response.close()
```

5.5 API 활용

한국의 도로교통공단 오픈 API를 이용하여 교통정보를 받아오는 Python 예제 코드를 작성해보겠습니다. 먼저, 도로교통공단의 API 키를 발급받아야 합니다. 추가 정보는 여기를 참고하기 바랍니다.

교통사고정보 개방 시스템에서 제공하는 데이터는 공공데이터포털에서 제공하고 있습니다. 공공데이터포털에서 회원 가입 및 API 키 발급받은 후 이를 이용하여 교통정보를 요청할 수 있습니다.

공공데이터포털 Open API 안내

대한민국 국민 수요가 높은 공공정보 중 교통사고정보 오픈 API를 이용해 창의적인 웹 및 애플리케이션 제작이 용이하도록 외부에 공개한 것을 말합니다. 공공 데이터 개방 추진 사업의 일환으로 사고다발지역정보(13종), 교통안전정보(3종), 사망사고정보(1종), 교통사고통계(1종)를 개방 하고 있습니다. 공공데이터포털 데이터를 이용하기 위해서는 회원 가입을 하고, API 키를 발급 받아야 합니다.

도로교통공단을 검색 결과 목록을 확인할 수 있습니다. 아래 그림을 참고하세요.

Fig. 5.8 공공데이터포털에서 도로교통공단 관련 데이터 검색

검색 결과 중에서 오픈 API 목록을 확인합니다.

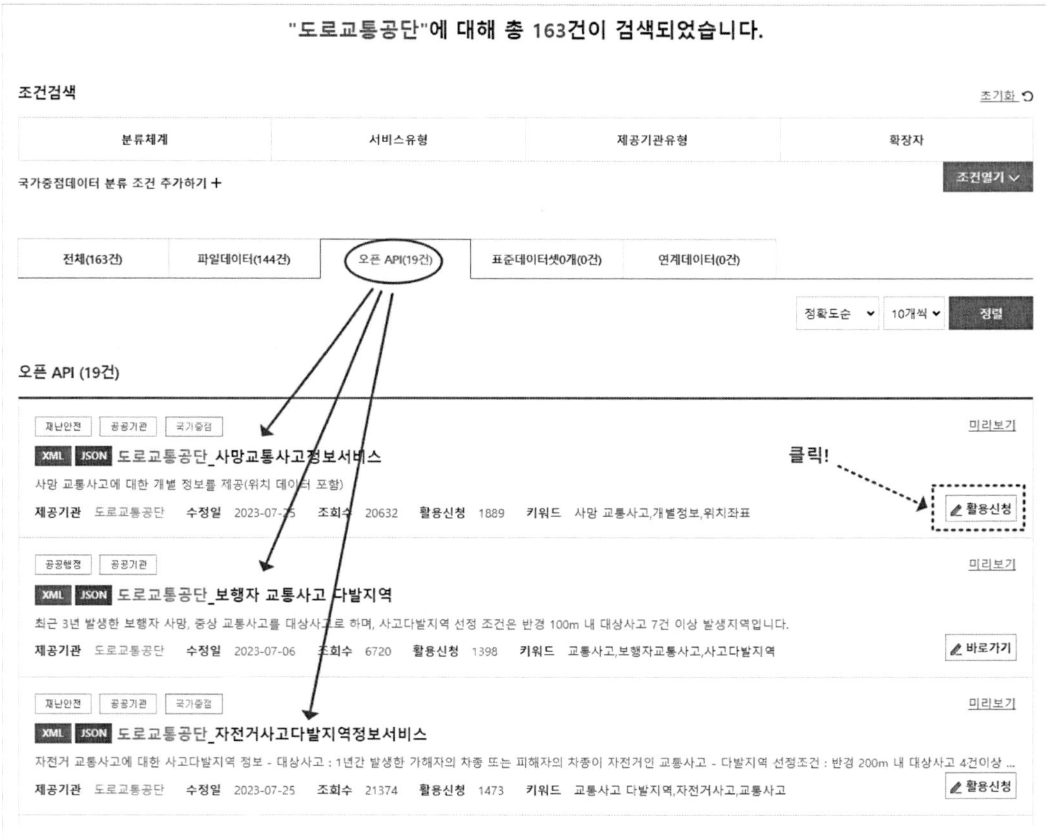

Fig. 5.9 공공데이터포털에서 도로교통공단 관련 데이터 검색

데이터 활용 목적을 간단히 작성하고 라이선스 동의 체크한 다음 API 활용 신청 버튼을 클릭합니다. 아래 그림을 참고합니다.

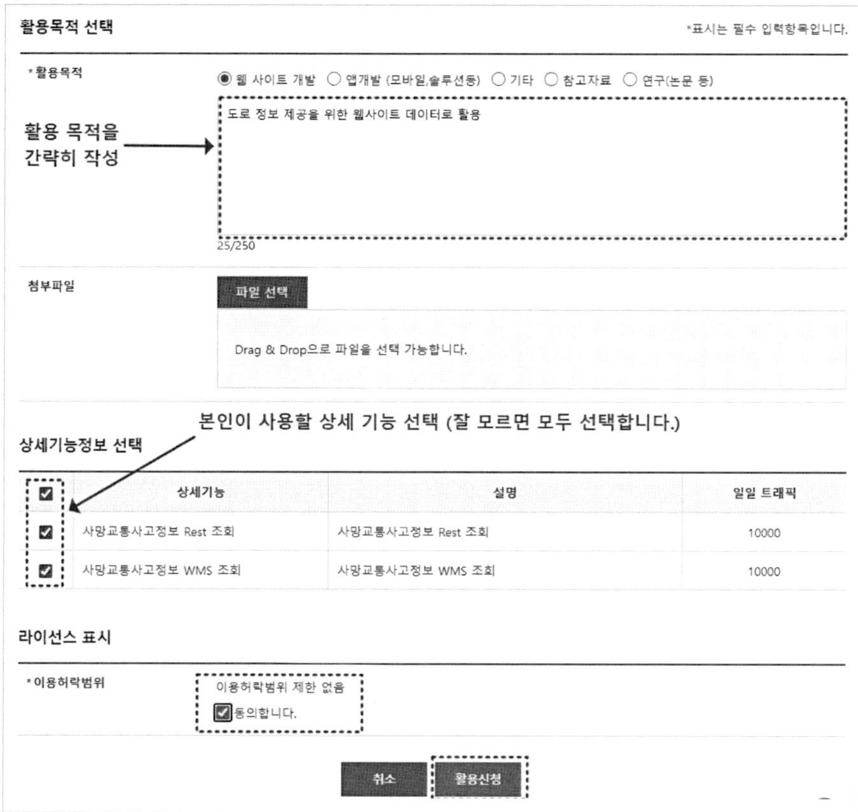

Fig. 5.10 원하는 데이터 활용 신청

이 과정에서 인증키 발급받으라는 메시지가 나타날 수 있습니다. 안내에 따라 인증키를 발급받습니다. 인증키 발급 안내가 없다면 로그인 상태에서 마이페이지 → 데이터 활용 → Open API 메뉴에서 인증키를 발급받습니다. 인증키 발급 현황은 아래 그림과 같습니다.

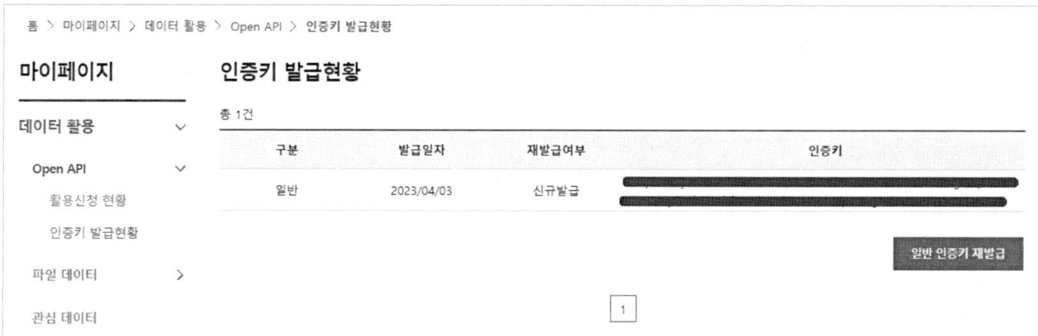

Fig. 5.11 API 인증키 확인하는 페이지

5.5.1 공공데이터포털 API 활용

공공데이터포털에 API 활용하여 데이터를 요청하는 방법은 공식 문서를 확인하면 됩니다. API 목록 중 사용을 희망하는 API 제목을 클릭합니다.

Fig. 5.12 사용을 희망하는 API 클릭

사용할 API 상세 정보를 확인합니다. API 사용을 위한 구체적인 내용을 제공하는 참고문서를 다운로드 받을 수 있습니다. 참고문서는 개발자에게 필요한 상세 정보를 포함하고 있으니 개인별로 다운로드 받아 놓을 것을 추천합니다.

Fig. 5.13 사용할 API의 세부 정보를 확인하고, 참고문서를 다운로드 합니다.

사용할 API는 업그레이드 될 수 있기 때문에 참고(기술)문서는 다운로드 시점에 따라 다를 수 있습니다. 공공데이터포털 공식 웹페이지에서 다운로드 받는 것이 좋습니다. 이 교재가 작성될 당시 다운로드 받은 문서는 여기 pdf, hwp 클릭하여 확인할 수 있습니다.

API 상세 정보 페이지에서는 요청을 보낼 URL과 요청 파라미터(request parameter)를 어떻게 작성해야 하는지에 대한 정보가 포함되어 있습니다. 다음 그림을 참고하세요.

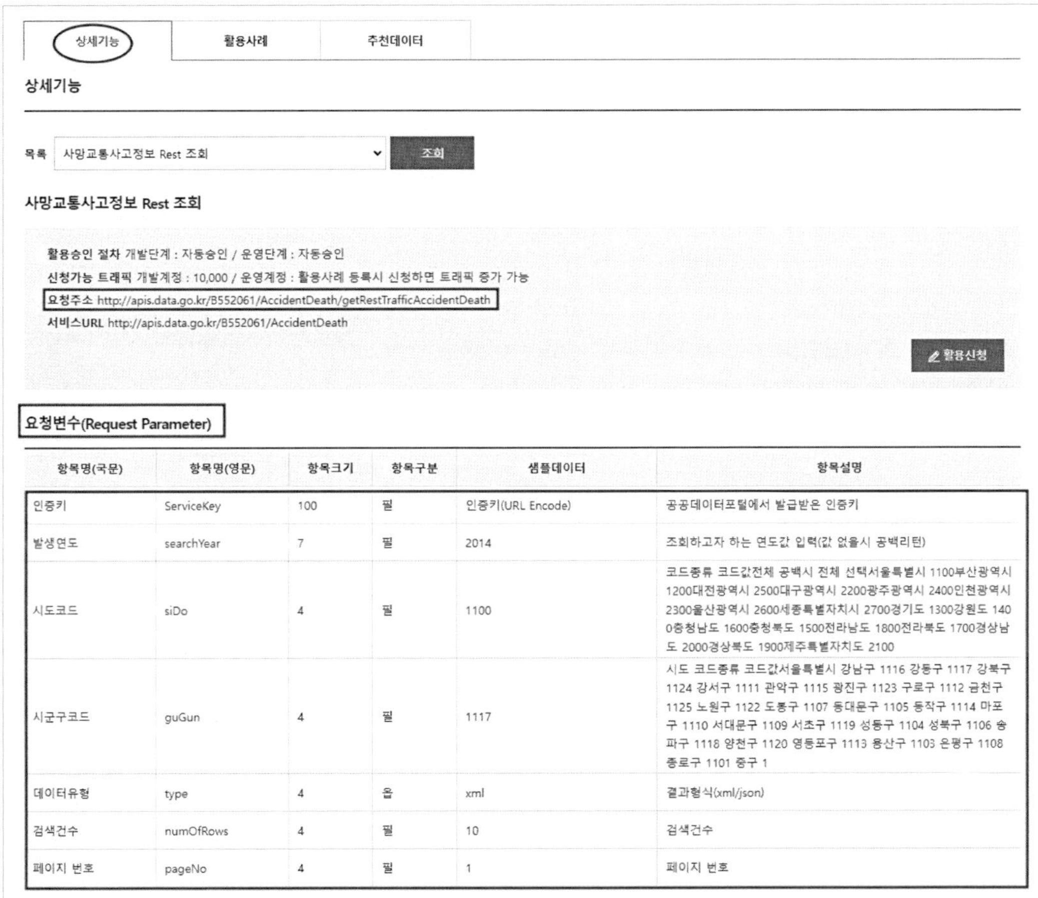

상세기능 활용사례 추천데이터

상세기능

목록 사망교통사고정보 Rest 조회 조회

사망교통사고정보 Rest 조회

활용승인 절차 개발단계 : 자동승인 / 운영단계 : 자동승인

신청가능 트래픽 개발계정 : 10,000 / 운영계정 : 활용사례 등록시 신청하면 트래픽 증가 가능

요청주소 http://apis.data.go.kr/B552061/AccidentDeath/getRestTrafficAccidentDeath

서비스URL http://apis.data.go.kr/B552061/AccidentDeath

활용신청

요청변수(Request Parameter)

항목명(국문)	항목명(영문)	항목크기	항목구분	샘플데이터	항목설명
인증키	ServiceKey	100	필	인증키(URL Encode)	공공데이터포털에서 발급받은 인증키
발생연도	searchYear	7	필	2014	조회하고자 하는 연도값 입력(값 없을시 공백리턴)
시도코드	siDo	4	필	1100	코드종류 코드값전체 공백시 전체 선택서울특별시 1100부산광역시 1200대전광역시 2500대구광역시 2200광주광역시 2400인천광역시 2300울산광역시 2600세종특별자치시 2700경기도 1300강원도 1400충청남도 1600충청북도 1500전라남도 1800전라북도 1700경상남도 2000경상북도 1900제주특별자치도 2100
시군구코드	guGun	4	필	1117	시도 코드종류 코드값서울특별시 강남구 1116 강동구 1117 강북구 1124 강서구 1111 관악구 1115 광진구 1123 구로구 1112 금천구 1125 노원구 1122 도봉구 1107 동대문구 1105 동작구 1114 마포구 1110 서대문구 1109 서초구 1119 성동구 1104 성북구 1106 송파구 1118 양천구 1120 영등포구 1113 용산구 1103 은평구 1108 종로구 1101 중구 1
데이터유형	type	4	옵	xml	결과형식(xml/json)
검색건수	numOfRows	4	필	10	검색건수
페이지 번호	pageNo	4	필	1	페이지 번호

Fig. 5.14 API의 Request URL 및 요청 파라미터 작성 정보

API 상세 정보 페이지에서는 개발에 필요한 샘플 코드를 제공하고 있습니다. 우리는 Python을 이용하고 있으므로 Python을 선택하여 샘플 코드를 확인합니다.

Fig. 5.15 API 요청을 하기 위한 샘플 코드

여기서 잠깐!

요청(Request)을 보낼 때 정보는 URL에 포함되어 GET 방식으로 전송되거나, 본문(Body)에 포함되어 POST 방식으로 전송될 수 있습니 다.

만약 URL에 정보가 포함되어(query string) GET 형태로 요청하는 경우에는 URL 인코딩(encoding)과 디코딩(decoding) 개념에 대하여 이해해야 합니다.

추가적인 설명은 아래 내용을 참고하세요.

5.5.2 URL 인코딩/디코딩 개념 잡기

인터넷 웹 주소를 의미하는 URL(Uniform Resource Loacator)는 컴퓨터 네트워크상에 있는 자원의 위치를 표시하는 URI(Uniform Resource Identifier) 중 하나의 방법입니다. 자원의 위치는 당연히 문자열로 표현합니다.

전체적인 구조는 아래 그림과 같습니다.

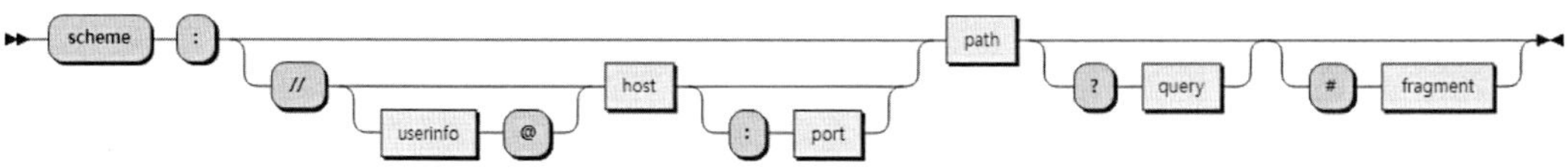

Fig. 5.16 인터넷 웹 주소 URL 구조 (위키피디아)

URI는 다음과 같이 표시합니다.

```
URI = scheme ":" ["//" authority] path ["?" query] ["#" fragment]
```

대괄호([])로 표시된 부분은 옵션입니다. 표시해도 되고, 생략해도 됩니다.

authority는 다음과 같이 표현합니다.

```
authority = [userinfo "@"] host [":" port]
```

만약 authority를 생략한다면 다음과 같습니다.

```
http://www.example.com/questions/123/my-document
```

위 내용을 정리하면 다음과 같습니다.

표시 내용	의미
http	적용할 프로토콜(scheme) 종류(이름) https, ftp, mailto, file 등 가능
:// www.example.com	프로토콜과 호스트 구분자 호스트(host) 이름
/	호스트(host)와 경로(path) 구분자
questions/123/my-document	자원 경로(path) 경로가 계층적이라면 슬래시(/)로 구분

HTTP 통신에서 사용되는 URL 주소에는 ASCII (미국정보교환표준부호, American Standard Code for Information Interchange) 인코딩에서 사용 하는 문자만 쓸 수 있습니다. 추가적인 정보는 W3school에서 정보를 확인하기 바랍니다.

쉽게 말하면 인터넷 웹페이지 주소에는 ASCII 코드집에 있는 글자와 숫자만 써야 한다는 것입니다. 공백(white space)를 허락하지 않으며 Gateway 등에서 해석할 때 혼란을 줄 수 있는 특수문자 {, }, ¦, \, ^, ~, [,], `는 안전하지 않기 때문에 쓰지 말아야 합니다.

일부 문자 ;, /, ?, :, @, =, & 는 URL 자체에서 특별한 의미로 사용하기 위해 예약된 문자이므로 경로 URL을 작성할 경우 사용하지 않는 것이 좋습니다. 어쩔 수 없이 꼭 필요하다면 다른 문자로 변경(치환)되어야 합니다. 예를 들어 blog.naver.com은 문제가 없지만 blog@na/ver.com같이 이름을 지어 준다면 HTTP 프로토콜은 URL을 전혀 다른 의미로 해석할 수 있다는 뜻입니다.

예를 들면 https://blog.naver.com은 영어만 포함되어 있으므로 잘 작동합니다.

https://블로그.네이버.com와 같이 영어 이외의 글자로 주소를 만들면 접속하면 잘 안된다는 뜻입니다. 하지만 세상에 영어만 있는 것이 아닙니다. 한국어, 일본어, 중국어 등 다양한 언어가 있고 다양한 언어는 컴퓨터로 표현할 수 있습니다. 다양한 언어의 글자를 숫자로 맵핑해 놓고 컴퓨터에게 알려준다면 컴퓨터는 얼마든지 다양한 언어를 처리할 수 있습니다. 그렇다면 다양한 언어도 인터넷 주소로 사용할 수 있어야 하는 것이 당연합니다.

문제는 처음 HTTP 통신규약 (Protocol)을 제정한 1994년 팀 버너스리는 인터넷 주소에는 ASCII만을 사용하기로 약속하고 RFC 1738 (Uniform Resource Locators (URL)) 프로토콜로 정했다는 것입니다. 이 때문에 기존 틀을 완전히 무시할 수 없게 되었습니다. 그래서 등장한 것이 탈출 문자 (Escape Character) 개념입니다.

URL 문자열에 특수 문자를 지정하고, 해당 문자를 만나면 문자열을 읽어가는 작업을 멈추고 잠시 탈출하여 다른 일을 하도록 하는 것입니다. URL 탈출 문자는 % 기호로 정해져 있습니다. % 기호를 만나면 바로 뒤 2개 글자(아스키 코드의 hex 16진수 값)를 읽어 들이고, 16진수에 해당하는 유니코드 UTF-8에 대칭하는 문자 값으로 변경합니다.

만약 다음과 같은 한글이 있다면 해당되는 글자는 우선 UTF-8에 해당하는 글자로 변경되고, 최종적으로 URL에는 %기호를 붙여서 공백이 없는 문자열로 변경됩니다.

한글	UTF-8 code	URL string
한	ED 95 9C	%ED%95%9C
국	EA B5 AD	%EA%B5%AD
어	EC 96 B4	%EC%96%B4
한국어	ED 95 9C EA B5 AD EC 96 B4	%ED%95%9C%EA%B5%AD%EC%96%B4

만약 경로(path)에 https://ko.wikipedia.org/wiki/한국어라는 URL이 있다면 https://ko.wikipedia.org/wiki/%ED%95%9C%EA%B5%AD%EC%96%B4로 변경되어야 한다는 뜻입니다.

경로(path)에 특수문자가 있다면 역시 퍼센트(%) 인코딩을 적용해야 합니다. 특수문자들에 대한 인코딩 규칙은 다음과 같습니다.

특수문자	%-Encoded	특수문자	%-Encoded	특수문자	%-Encoded
space	%20	(	%28	:	%3A
[	%5B	`	%60	!	%21
)	%29	;	%3B	\	%5C
{	%7B	"	%22	*	%2A
<	%3C	]	%5D	|	%7C
#	%23	+	%2B	=	%3D
^	%5E	}	%7D	$	%24
,	%2C	>	%3E	_	%5F
~	%7E	%	%25	-	%2D
?	%3F	.	%2E	&	%26
@	%40	'	%27	/	%2F

추가적으로 참고할 만한 문서

- Decode URL that has been encoded twice (containing %25xx) with Python 3
- Parameter for GET request changed by Python requests

5.5.3 교통정보 가져오기

위 그림의 샘플코드에서 url 변수는 API 요청을 위한 공공데이터포털 주소입니다.

params 변수는 Fig. 5.14의 요청 파라미터를 파이썬 사전(dictionary) 구조를 이용하여 작성한 것입니다.

```
import requests
from urllib import parse

api_url = 'http://apis.data.go.kr/B552061/AccidentDeath/getRestTrafficAccidentDeath'
api_key = 'Your_API_key'

# 요청 파라미터 설정
params = {
    # URL encoding <-> decoding
    # 문자열에 "%" 문자가 있을 경우 "%25"로 치환되는 것을 환원
    'ServiceKey': parse.unquote(api_key),
    'searchYear': '2020',  # 검색할 연도
```

```
    'siDo': '1500',          # 시도 코드 (충청북도: 1500)
    'guGun': '1501',         # 구군 코드 (청주시: 1501)
    'numOfRows': '5',        # 한 페이지 결과 수
    'type': 'json',          # "json" 또는 "xml"
    'pageNo': '1'            # 페이지 번호
}

response = requests.get(api_url, params=params)
```

5.2 Request 종류 요청 파라미터 (Request Parameters)에서 살펴본 바와 같이 params 변수에 담긴 정보는 url 변수에 ?와 = 기호를 사용하여 한번 에 표현해도 괜찮습니다. url에 params 정보를 포함한 코드는 다음과 같습니다.

```
import requests
from urllib import parse

api_key = 'Your_API_key'
api_key = parse.unquote(api_key)

api_url = f"http://apis.data.go.kr/B552061/AccidentDeath/getRestTrafficAccidentDeath?
ServiceKey={api_key}&searchYear=2020&siDo=1500&guGun=1501&numOfRows=5&type=json&pageNo=1"

response = requests.get(api_url)
```

전체 코드는 다음과 같습니다.

```
from pprint import pprint
import requests
from urllib import parse

# 도로교통공단 API URL 및 키
api_url = "http://apis.data.go.kr/B552061/AccidentDeath/getRestTrafficAccidentDeath"
api_key = "Your_API_key" # 공공데이터포털에서 발급받은 API Key를 문자열로 입력

# 요청 파라미터 설정
params = {
    # URL encoding <-> decoding
    # 문자열에 "%" 문자가 있을 경우 "%25"로 치환되는 것을 환원
    'ServiceKey': parse.unquote(api_key),
```

```
    'searchYear': '2020',  # 검색할 연도
    'siDo': '1500',        # 시도 코드 (충청북도: 1500)
    'guGun': '1501',       # 구군 코드 (청주시: 1501)
    'numOfRows': '5',      # 한 페이지 결과 수
    'type': 'json',        # "json" 또는 "xml"
    'pageNo': '1'          # 페이지 번호
}

response = requests.get(api_url, params=params)

# 응답 상태 코드 확인
if response.status_code == 200:
    print("요청 성공")
    print(response.url)    # 요청 url 확인
    data = response.json() # JSON 응답 파싱
    pprint(data)           # pprint를 이용하여 보기 편하게 출력
else:
    print(f"요청 실패: {response.status_code}")
    print(response.text)
```

5.6 도전 프로젝트

우리가 배운 API 요청(Request) 기술을 바탕으로 실시간 날씨 정보를 가져오는 소프트웨어를 개발해 봅니다. 이번 프로젝트에서는 OpenWeatherMap 웹사이트에서 제공하는 날씨 정보를 받아오는 것을 구현해 봅니다.

5.6.1 사전 준비

날씨 정보를 이용한 Realtime Plot을 구현하는 프로젝트입니다. 여러분은 프로젝트를 통해 실시간 플로팅 시각화를 익힐 수 있습니다. 참고 코드 없이 프로젝트에 도전해 보세요 ^^.

직접 고민하고 검색하는 과정에서 많은 것을 배울 수 있습니다! 너무 어렵다면 참고 코드 여기를 클릭해 주세요.

실시간 날씨 정보를 가져오기 위해서 OpenWeatherMap 웹사이트 정보를 이용합니다. OpenWeatherMap는 부분적 유료 서비스이기 때문에 회원 가입이 필요합니다.

다음 단계를 거쳐 회원 가입을 완료하고 OpenWeatherMap API 서비스 플랜에 가입합니다.

1. OpenWeatherMap 웹사이트 방문
2. 회원가입 또는 로그인
   - OpenWeatherMap 서비스를 이용하려면 계정이 필요합니다.
   - 계정이 없다면 회원가입을 진행합니다.
     - 회원가입: 회원가입 페이지로 이동합니다.
     - 필요한 정보를 입력하여 계정을 만듭니다.
   - 계정이 이미 있다면 로그인합니다.
     - 로그인: "Sign In" 버튼을 클릭하여 로그인 페이지로 이동하고, 이메일과 비밀번호를 입력하여 로그인합니다.
3. API 키 발급
   - 로그인 후, 다음 단계에 따라 API 키를 발급받을 수 있습니다.
   - 로그인한 후, 오른쪽 상단의 프로필 아이콘을 클릭하고 "My API keys"를 선택합니다. "My API keys" 페이지에서 "Create Key" 버튼을 클릭합니다.
   - 키 이름을 입력하고 "Generate" 버튼을 클릭하여 새로운 API 키를 생성합니다.
   - 생성된 API 키가 화면에 표시됩니다. 이 키를 복사하여 코드에서 사용하면 됩니다.
4. OpenWeatherMap API 서비스는 부분적 무료입니다.
   - 하루 1,000건은 호출은 무료이며, 초과 호출당 Sevice plan에 필요한 정보를 입력하여 가입합니다.

OpenWeatherMap API 서비스 호출을 파이썬에서 수행하기 위해서는 `requests` 모듈을 설치해야 합니다.

```
pip install requests
```

5.6.2 API 서비스 요청(request)

Python에서 OpenWeatherMap API 기본 호출 구조는 다음과 같습니다. 자세한 내용은 여기를 참고하세요.

```
import requests

# 위치 정보
#  구글, 네이버, 카카오 맵 등을 이용하여 원하는 위치의
#  위도/경도 값을 확인합니다.
lat = 36.651656 # 청주대 융합관 위도
lon = 127.495593 # 청주대 융합관 경도

# 단위 설정
unit = 'metric' # 미터법 적용

# 언어 설정
lang = 'ko' # 한국어 설정

# API key 설정 <- OpenWeatherMap에서 발급 받은 Key
API_KEY = 'Your_API_key' # 개인별로 발급받은 키를 입력합니다.

# 호출 URL 구조
url  =  f'https://api.openweathermap.org/data/3.0/onecall?lat={lat}&lon={lon}&unit={unit}
&lan={lang}&appid={API_KEY}'

# 브라우저 창에 값이 대입된 url을 입력하면 해당 정보를 response로 받을 수 있습니다.

# 서비스 결과를 저장하기 위해서는 다음과 같이 코딩합니다.
response = requests(url) # API 호출 및 결과를 변수에 저장
data = response.json() # 받은 데이터를 dict 자료구조로 변환
print(data) # 결과를 모니터에서 확인
```

5.6.3 필요한 정보만 추출하기 (parsing)

수신한 결과(dictionary)의 key, value 값을 확인하여 시각화에 필요한 정보를 추출합니다.

```
# 온도 정보 추출
temp = data['current']['temp']
print(f'온도: {temp}')

# 습도 정보 추출
humidity = data['current']['humidity']
print(f'습도: {humidity}')

# 구름 상태 추출
clouds = data['current']['clouds']
print(f'구름: {clouds}%')
```

5.6.4 도전 과제

우리가 실습했던 `RealTimePlot` 클래스의를 변형하고, `data_gen()` 함수를 변형하여 실시간 온도 정보를 플로팅하는 프로그램을 작성해 보세요.

정답은 여기를 클릭해 주세요.

제 6 장

웹 서버 만들기

웹 서버 소개

웹 서버(WS, Web Server)는 인터넷을 통해 사용자에게 웹 페이지를 제공하는 컴퓨터 시스템입니다. 웹 서버는 클라이언트(일반적으로 웹 브라우저)로부터 HTTP 요청을 수신하고, 요청된 웹 페이지나 리소스를 반환하는 역할을 합니다. 이를 통해 사용자는 원하는 정보를 웹 브라우저를 통해 실시간으로 확인할 수 있습니다.

주요 기능

- HTTP 요청 처리: 웹 서버는 클라이언트로부터 HTTP 요청을 수신하고, 적절한 응답을 반환
- 정적 콘텐츠 제공: HTML, CSS, JavaScript 파일 및 이미지와 같은 정적 파일을 제공하여 웹 페이지를 구성
- 동적 콘텐츠 처리: PHP, ASP.NET, JSP와 같은 서버 측 스크립트를 실행하여 동적으로 생성된 콘텐츠를 제공
- 보안 기능: SSL/TLS 암호화를 통해 데이터 전송의 보안을 보장하고, 인증 및 권한 부여 기능을 통해 사용자 접근을 제어
- 로드 밸런싱: 여러 서버에 트래픽을 분산시켜 서버 과부하를 방지하고 성능을 최적화
- 로그 관리: 웹 서버는 요청, 오류, 성능 등을 기록하여 분석 및 모니터링에 활용

대표적인 웹 서버 소프트웨어

- Nginx: 높은 성능과 낮은 메모리 사용량으로 유명한 웹 서버로, 로드 밸런서 및 리버스 프록시 서버로도 많이 사용
- Apache HTTP Server: 오픈 소스 웹 서버로, 유연성과 확장성이 뛰어나고, 다양한 모듈을 지원
- Microsoft Internet Information Services (IIS): Windows Server 환경에서 사용하는 웹 서버로, .NET 기반 애플리케이션과의 호환성이 높음

웹 서버 애플리케이션 소개

웹 애플리케이션(Web Application)은 인터넷을 통해 웹 브라우저에서 접근할 수 있는 애플리케이션 소프트웨어입니다. 사용자는 웹 애플리케이션을 통해 다양한 기능을 수행할 수 있으며, 전통적인 GUI 데스크탑 애플리케이션과는 달리 설치가 필요없고, 어디서든 인터넷만 연결되어 있으면 접근할 수 있다는 장점이 있습니다.

주요 특징

- 접근성: 웹 애플리케이션은 인터넷이 연결된 어느 곳에서나 접근할 수 있습니다. 사용자는 특정 장치에 구애받지 않고, 다양한 디바이스(PC, 태블릿, 스마트폰 등)에서 웹 브라우저를 통해 애플리케이션 이용 가능
- 업데이트 용이성: 웹 애플리케이션은 서버에서 실행되므로, 업데이트나 패치가 필요할 때 사용자 측에서 별도의 조치가 필요 없음. 서버 측 에서 업데이트를 적용하면 모든 사용자가 즉시 최신 버전을 사용 가능
- 플랫폼 독립성: 웹 애플리케이션은 웹 브라우저를 통해 접근하므로, 특정 운영 체제에 종속되지 않음. 다양한 운영 체제(Windows, macOS, Linux, Android, iOS 등)에서 동일하게 작동
- 유연한 배포: 개발자들은 웹 애플리케이션을 단일 서버 또는 분산 시스템에 배포할 수 있으며, 트래픽이 많아지면 손쉽게 서버를 추가하여 확장 가능

웹 애플리케이션 프레임워크

웹 애플리케이션 프레임워크는 웹 애플리케이션 개발을 용이하게 하기 위해 제공되는 소프트웨어 프레임워크입니다. 이러한 프레임워크는 개발자들이 웹 애플리케이션의 구조와 기능을 더 쉽게 구현할 수 있도록 다양한 라이브러리, 도구, 패턴을 제공합니다. 웹 애플리케이션 프레임워크는 주로 클라이언트 측과 서버 측으로 구분합니다.

■ 서버 측 프레임워크

프레임워크	장점	단점
Django (Python)	- 많은 기본 기능 제공으로 신속한 개발 가능 - 강력한 ORM: 데이터베이스 작업을 쉽게 처리 - 보안 기능: CSRF, XSS 방지 등 제공 - 관리자 인터페이스: 자동으로 생성	- 높은 진입 장벽: 초보자에게는 복잡 - 많은 기능이 포함되어 경량 앱에는 부적합 - 패턴을 따르지 않으면 구현이 어려움
Flask (Python)	- 경량 및 유연성: 필요한 기능만 추가해 사용 - 간단한 구조: 배우기 쉽고 빠른 프로토타이핑 - 확장성: 다양한 확장 모듈 추가 가능	- 많은 기능을 직접 구현해야 함 - 보안 부족: 기본 제공 보안기능 적음 - 대규모 애플리케이션 부적합
FastAPI (Python)	- 높은 성능: 비동기 지원으로 높은 성능 - 타입 검사: 타입 힌트 사용 - 자동 문서화: 자동 API 문서 생성 - 사용성: 간단한 코드로 빠른 개발	- 비교적 신생: 커뮤니티 자료가 적음 - 큰 프로젝트에 대한 검증 부족: 사례가 적음
Express (Node.js)	- 비동기 처리: Node.js 기반 비동기 처리 - 최소한의 기능만 포함, 필요한 기능은 추가 개발 - 유연성: 미들웨어로 기능 확장 가능 - 커뮤니티: 큰 커뮤니티와 많은 자료	비동기 코드 콜백 헬 문제 발생 - 보안 문제: 기본적인 보안 기능 부족 - 프로젝트 구조에 대한 명확한 규약 없음

프레임워크	장점	단점
Spring (Java)	- 엔터프라이즈급: 대규모 개발에 적합 - 강력한 보안: 다양한 보안 기능 내장 - 모듈화: 다양한 모듈을 지원 - 생산성: DI(Dependency Injection)와 같은 기능을 통해 생산성 향상	- 복잡성: 초기 학습 곡선이 높음 - 무거움: 많은 기능이 포함되어 있어 경량 애플리케이션에는 부적합 - 설정 과다: 기본 설정이 많아 관리가 어려움

■ 클라이언트 측 프레임워크

프레임워크	장점	단점
Native JavaScript (JavaScript)	- 모든 브라우저에서 지원 - 추가 라이브러리나 프레임워크 없이 사용 - 유연성: 자유로운 코드 작성 가능 - 학습 필수: 웹 개발의 기본 기술	- 복잡한 DOM 조작 - 생산성 낮음: 많은 기능을 직접 구현 - 코드가 복잡해질 수 있음 - 표준화 부족: 구조와 패턴 일관성 떨어짐
React (JavaScript)	- 재사용 가능한 UI 컴포넌트로 개발 용이 - 가상 DOM: 빠른 렌더링 성능 - 큰 커뮤니티: 풍부한 자료와 라이브러리 - 페이스북 꾸준한 업데이트와 신뢰성	- 높은 학습 곡선: JSX와 복잡한 생태계 - 복잡한 상태 관리 라이브러리 필요 - 빈번한 업데이트: 자주 변경되는 API와 툴
Angular (TypeScript)	- 종합적인 도구와 기능 제공 - 모델과 뷰의 자동 동기화 - 모듈 간 의존성 관리 용이 - 강력한 지원: 구글의 꾸준한 업데이트	- 높은 학습 곡선: 복잡한 구조와 많은 개념 - 퍼포먼스: 대규모 DOM 조작 시 성능 문제 - 코드의 복잡성: 복잡한 코드베이스
Vue.js (JavaScript)	- 간결하고 직관적: 쉬운 학습 곡선 - 가상 DOM: 빠른 렌더링 성능 - 유연성: 점진적 채택 가능 - 활발한 커뮤니티와 풍부한 플러그인	- React와 Angular에 비해 작은 커뮤니티 - 유연성: 프로젝트 구조의 일관성 부족 - 큰 기업의 공식적인 지원 부족

앱 애플리케이션 서버

웹 애플리케이션 서버(WAS, Web Application Server)는 웹 애플리케이션의 비즈니스 로직을 처리하고, 클라이언트 요청에 따라 동적으로 콘텐츠를 생성하여 응답하는 서버입니다. 웹 애플리케이션 서버는 웹 서버와 함께 동작하며, 클라이언트 요청을 받아 데이터베이스와 상호작용하고, 필요한 처리를 수행한 후 결과를 클라이언트에게 전달합니다.

웹 서버와 웹 애플리케이션 서버는 각기 다른 역할을 수행하며, 대부분의 현대 웹 애플리케이션에서는 두 가지가 모두 필요합니다. 웹 서버만으로는 웹 애플리케이션의 요구를 모두 충족하기 어렵기 때문에, 웹 애플리케이션 서버의 필요성을 이해하는 것이 중요합니다.

웹 서버의 역할

웹 서버는 클라이언트(웹 브라우저)로부터 HTTP 요청을 수신하고, 정적 콘텐츠(HTML, CSS, JavaScript 파일, 이미지 등)를 제공하는 역할을 합니다. 웹 서버의 주요 기능은 다음과 같습니다:

- 정적 콘텐츠 제공: 파일 시스템에서 HTML, CSS, JavaScript, 이미지 파일 등을 클라이언트에게 전송
- HTTP 요청 처리: 클라이언트로부터 HTTP 요청을 받고, 이에 대한 적절한 응답을 반환
- 리버스 프록시: 웹 애플리케이션 서버와 클라이언트 간의 중계 역할을 하여 요청을 라우팅
- 로드 밸런싱: 여러 서버에 트래픽을 분산시켜 성능을 최적화

웹 애플리케이션 서버의 필요성

웹 애플리케이션 서버는 동적 콘텐츠 생성과 비즈니스 로직 처리에 필수적입니다. 웹 서버만으로는 동적 요청을 처리할 수 없기 때문에, 웹 애플리케이션 서버가 필요합니다. 웹 애플리케이션 서버의 주요 기능은 다음과 같습니다:

- 비즈니스 로직 처리: 사용자의 요청을 기반으로 비즈니스 로직 처리. (예) 사용자의 로그인 요청을 처리하고 세션을 관리
- 데이터베이스 연동: 데이터베이스와 상호작용하여 데이터를 조회, 저장, 업데이트, 삭제하는 작업을 수행. ORM(Object-Relational Mapping)을 사용하여 데이터베이스 작업을 쉽게 수행
- 동적 콘텐츠 생성: 사용자 요청에 따라 동적으로 생성된 콘텐츠를 제공. (예) 사용자 프로필 페이지를 동적으로 생성하여 제공
- 세션 및 상태 관리: 사용자의 상태를 유지하고 세션 관리. (예) 사용자가 로그인한 후 세션을 유지하여 다음 요청에서도 사용자를 인식할 수 있도록 처리
- 보안 관리: 인증, 권한 부여, 데이터 암호화 등의 보안 기능 제공.

Python으로 만든 웹 애플리케이션을 관리하는 웹 애플리케이션 서버

uWSGI와 Gunicorn은 Python 기반의 웹 애플리케이션을 배포하는 데 사용되는 두 가지 인기 있는 WSGI(Web Server Gateway Interface) 서버입니다. 이들 서버는 Python 웹 애플리케이션 프레임워크(예: Django, Flask)와 웹 서버(예: Nginx) 사이에서 작동하여 클라이언트 요청을 처리하고 웹 애플리케이션으로 전달하는 역할을 합니다.

구분	uWSGI	Gunicorn
장점	- 높은 성능: 다양한 프로토콜 지원 및 최적화 - 유연성: WSGI, HTTP, FastCGI, SCGI 등 다수 프로토콜 지원 - 확장성: 플러그인 시스템을 통한 기능 확장 가능 - 관리 기능: 모니터링, 자동 재시작, 캐싱 등 다양한 기능 제공	- 간단한 설정: 설정이 간단하고 쉽게 시작 가능 - 경량화: 가벼운 구조로 높은 성능 제공 - 다중 워커: 여러 워커 프로세스를 통해 높은 동시성 처리 - 호환성: 다양한 프레임워크와의 호환성 우수
단점	- 복잡한 설정: 다양한 기능으로 인해 설정이 복잡할 수 있음 - 초보자에 어려움: 초기 설정 및 사용법이 다소 어려울 수 있음 - 메모리 사용량: 고성능을 위해 비교적 높은 메모리 사용량	- 제한된 기능: uWSGI에 비해 기능이 제한적 - 기본 기능 부족: 일부 고급 기능은 직접 구현 필요 - 리소스 관리: 높은 동시성에서 리소스 관리가 어려울 수 있음

WS, WAS, Web App의 관계

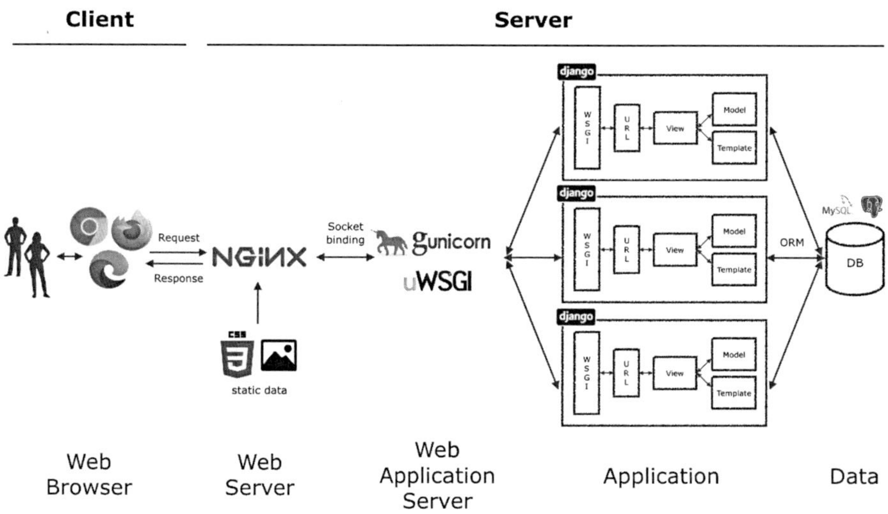

Fig. 6.1 WS, WAS, Web App의 관계(예시)

무엇을 써야 하나요?

사용할 수 있는 기술이 너무 다양해서 복잡한가요?

맞습니다. 어떤 기술을 선택할지는 아무도 결정해 주지 않습니다. 어찌보면 개발자의 몫이라고 할 수 있습니다. 개발자에게 선택의 다양성을 준다는 점에서는 좋지만, 한편으로는 공부해야 할 양이 방대해지고 선택의 고민에 빠지게 하는 단점이기도 합니다.

웹 애플리케이션 백엔드 개발에 사용할 기술 스택을 선택하는 것은 프로젝트의 요구사항, 팀의 기술적 역량, 유지보수 용이성, 성능 요구사항 등 여러 요소를 고려해야 합니다. 다양한 기술 스택의 조합은 특정 요구에 맞게 최적화될 수 있으며, 각 조합의 장단점을 이해하는 것이 중요합니다.

대표적인 백엔드 기술 조합(테크 트리 또는 기술 스택 이라고 부르기도 함)

`Python` + `Django` + `Gunicorn/uWSGI` + `Nginx`

- Django: 배터리가 포함된 웹 프레임워크로, 신속한 개발과 유지보수가 용이합니다. ORM, 관리자 인터페이스, 인증 등 다양한 기능이 내장되어 있습니다.
- Gunicorn/uWSGI: WSGI 애플리케이션 서버로 Django 애플리케이션을 서비스합니다.
- Nginx: 정적 파일 제공, 리버스 프록시, 로드 밸런싱 등을 처리합니다.

`Python` + `Flask` + `Gunicorn/uWSGI` + `Nginx`

- Flask: 경량 웹 프레임워크로, 필요한 기능만 추가하여 사용할 수 있습니다. 유연성이 높고 배우기 쉽습니다.
- Gunicorn/uWSGI: Flask 애플리케이션을 서비스하는 WSGI 서버입니다.
- Nginx: 정적 파일 제공 및 리버스 프록시 역할을 합니다.

`Node.js` + `Express` + `PM2(process manager)` + `Nginx`

- Express: Node.js의 경량 웹 프레임워크로, 빠른 개발이 가능합니다. 비동기 처리가 용이합니다.
- PM2: Node.js 애플리케이션을 관리하고, 자동 재시작 및 로드 밸런싱을 제공합니다.
- Nginx: 정적 파일 제공 및 리버스 프록시 역할을 합니다.

`Java` + `Spring Boot` + `Tomcat` + `Nginx`

- Spring Boot: 엔터프라이즈급 애플리케이션을 위한 프레임워크로, 다양한 기능을 제공합니다.
- Tomcat: Spring Boot 애플리케이션을 서비스하는 서블릿 컨테이너입니다.
- Nginx: 정적 파일 제공 및 리버스 프록시 역할을 합니다.

우리의 선택은?

적합한 기술 스택을 선택하는 것은 프로젝트 성공의 중요한 요소입니다.

각 기술 스택의 장단점을 이해하고, 프로젝트 요구사항에 맞춰 적합한 조합을 선택하여 개발을 진행해야 합니다.

기술 스택 선택 고려사항

- 프로젝트 요구사항: 프로젝트의 복잡성, 성능 요구사항, 개발 속도 등을 고려하여 적합한 프레임워크와 서버
- 팀의 기술 역량: 팀이 익숙한 언어와 프레임워크를 선택하는 것이 개발 속도와 유지보수에 유리
- 유지보수 용이성: 문서화, 커뮤니티 지원, 확장성 등을 고려하여 유지보수가 용이한 스택을 선택 성능: 특정 기술 스택이 제공하는 성능 최적화 기능을 고려
- 보안: 선택한 기술 스택이 제공하는 보안 기능을 고려

6.1 플라스크 기초

6.1.1 플라스크 소개

Flask는 파이썬으로 작성된 경량 웹 프레임워크로, 간결하고 유연한 웹 애플리케이션 개발을 가능하게 합니다.

Fig. 6.2 플라스크 프레임워크 공식 로고

Flask는 2010년 아르민 론허가 개발한 마이크로 프레임워크로 시작되었으며, 이후 오픈 소스 프로젝트로 발전하여 많은 개발자들 사이에서 인기를 얻고 있습니다.

6.1.2 플라스크 특징

간결함과 유연성

Flask의 가장 큰 장점은 간결함과 유연성입니다. 다른 많은 프레임워크들과 달리, Flask는 최소한의 핵심 기능만을 포함하고 있습니다. 이는 개발자가 필요에 따라 원하는 기능을 선택적으로 추가할 수 있도록 합니다. Flask는 개발자가 자유롭게 애플리케이션 구조를 설계하고, 필요한 기능을 플러그인 형태로 추가할 수 있게 함으로써 매우 유연한 개발 환경을 제공합니다.

단순한 애플리케이션 구조

Flask 애플리케이션의 기본 구조는 매우 단순합니다. 기본적으로 하나의 파이썬 파일로 시작하며, 몇 줄의 코드만으로도 간단한 웹 애플리케이션을 구축할 수 있습니다.

Flask 애플리케이션은 Flask 클래스를 사용하여 애플리케이션 객체를 생성하고, `@app.route` 데코레이터를 사용하여 특정 URL 경로에 대한 요청 을 처리하는 함수를 정의합니다. Flask는 간단한 구조와 사용법을 제공하여 초보자도 쉽게 시작할 수 있습니다.

강력한 확장 기능

Flask는 경량 프레임워크이지만, 확장 기능을 통해 강력한 기능을 구현할 수 있습니다. Flask는 다양한 확장 모듈을 제공하여 데이터베이스 연동, 폼 처리, 사용자 인증, RESTful API 구축 등 다양한 기능을 쉽게 추가할 수 있습니다. 확장 모듈들은 Flask의 유연성을 더욱 높여주며, 개발자가 필요한 기능을 신속하게 구현할 수 있도록 도와줍니다.

커뮤니티와 지원

Flask는 활발한 커뮤니티와 풍부한 문서화를 자랑합니다. 공식 문서와 다양한 튜토리얼, 예제 코드들은 Flask를 배우고 사용하는 데 큰 도움이 됩니다. 또한, Stack Overflow와 같은 개발자 커뮤니티에서도 Flask 관련 질문과 답변을 쉽게 찾을 수 있어, 개발 중 발생하는 문제를 빠르게 해결할 수 있습니다.

커뮤니티	특징	링크
Flask 공식 문서	Flask의 공식 문서로, 설치 방법, 기본 사용법, 고급 기능 등 다양한 내용을 포괄적으로 다룹니다. 예제 코드와 함께 자세한 설명이 포함되어 있어, Flask를 처음 접하는 초보자에게도 유용합니다.	Flask 공식 문서
Stack Overflow	프로그래밍 관련 질문과 답변을 주고받는 대형 커뮤니티로, Flask와 관련된 다양한 문제 해결 방법을 찾을 수 있습니다. 검색 기능을 통해 기존 질문과 답변을 참고하거나, 직접 질문을 올려 커뮤니티의 도움을 받을 수 있습니다.	Stack Overflow
Reddit	여러 프로그래밍 관련 서브레딧에서 Flask에 대한 토론이 이루어집니다. 특히 `r/flask` 서브레딧에서는 Flask와 관련된 최신 정보, 질문, 프로젝트 공유 등이 활발하게 이루어집니다.	Reddit - Flask
GitHub	Flask의 소스 코드가 호스팅되는 곳으로, 이슈 트래커를 통해 버그 신고 및 기능 요청을 할 수 있습니다. 또한, 다양한 Flask 관련 오픈 소스 프로젝트를 찾고 기여할 수 있는 플랫폼입니다.	GitHub - Flask
Gitter	실시간 채팅을 통해 Flask 개발자들과 소통할 수 있는 플랫폼입니다. 질문을 하고 답변을 받거나, 새로운 아이디어를 공유할 수 있습니다.	Gitter - Flask
Discord	Flask와 관련된 여러 디스코드 서버에서 실시간으로 다른 개발자들과 교류할 수 있습니다. 특히, 파이 썬 커뮤니티 서버 내의 Flask 채널을 통해 다양한 정보를 얻을 수 있습니다.	Discord - 파이 썬 커뮤니티
Flask Google Group	이메일을 통해 Flask 관련 질문과 답변을 주고받을 수 있는 그룹입니다. 구글 그룹스를 통해 가입하여 다양한 주제에 대해 논의할 수 있습니다.	Flask Google Group
Local Meetups	Flask 및 파이썬 관련 오프라인 모임으로, Meetup.com을 통해 지역별로 Flask 개발자 모임을 찾을 수 있습니다. 네트워킹과 경험 공유의 기회를 제공합니다.	Meetup - Flask

실제 사용 사례

Flask는 그 간결함과 유연성 덕분에 많은 스타트업과 대기업에서 사용되고 있습니다. 예를 들어, Pinterest, LinkedIn, Netflix와 같은 회사들은 Flask를 사용하여 다양한 웹 애플리케이션을 구축하고 있습니다. Flask는 소규모 프로젝트부터 대규모 프로젝트까지 다양한 규모의 애플리케이션에 적합하며, 개발 속도가 매우 빠르고 유지보수 또한 편리합니다.

Flask는 간결하고 유연한 파이썬 웹 프레임워크로, 개발자가 필요한 기능을 자유롭게 추가하고, 애플리케이션 구조를 설계할 수 있습니다. 경량 프레임워크로 시작하여 다양한 확장 모듈을 통해 강력한 기능을 구현할 수 있는 Flask는 초보자와 숙련된 개발자 모두에게 적합한 도구입니다. 활발한 커뮤니티와 풍부한 문서화 덕분에, Flask를 통해 웹 애플리케이션 개발을 시작하기에는 좋은 선택입니다.

6.1.3 플라스크 설치

Flask는 간단하게 설치할 수 있는 파이썬 기반의 웹 프레임워크입니다. 다음은 Flask를 설치하고 기본 애플리케이션을 설정하는 내용입니다.

1. 가상 환경 설정 (선택 사항)

`myenv`는 가상 환경의 이름입니다. 원하는 이름으로 변경할 수 있습니다.

가상 환경은 프로젝트별로 독립된 파이썬 패키지를 관리할 수 있게 도와줍니다.

가상 환경을 사용하면 시스템 전체에 영향을 주지 않고 필요한 패키지를 설치하고 관리할 수 있습니다.

■ 가상 환경 생성

```
python -m venv myenv
```

2. 가상 환경 활성화

■ Windows

```
myenv\Scripts\activate
```

■ macOS 및 Linux

```
source myenv/bin/activate
```

가상 환경을 활성화하면 터미널 프롬프트에 (`myenv`)가 표시됩니다.

3. Flask 설치

가상 환경이 활성화된 상태에서 Flask를 설치합니다. 다음 명령을 입력합니다:

```
코드 복사
pip install Flask
```

설치가 완료되면 Flask를 사용할 준비가 된 것입니다.

6.2 Hello world 서버 만들기

6.2.1 웹 애플리케이션 코딩

프로젝트 폴더를 생성하고, 그 안에 app.py 파일을 만듭니다. 파일 내용을 다음과 같이 작성합니다.

```
from flask import Flask
app = Flask(__name__)

@app.route('/')
def home():
    return "Hello, World!"

if __name__ == "__main__":
    app.run(debug=True)
```

코드 설명

- Flask 클래스: Flask 애플리케이션의 인스턴스를 생성합니다.
- @app.route('/'): 특정 URL 경로에 대한 요청을 처리하는 뷰 함수를 정의합니다.
- def home(): 요청을 처리하는 함수입니다. 여기서는 '/' 경로로 요청이 들어오면 "Hello, World!"를 반환합니다.
- app.run(debug=True): 애플리케이션을 실행합니다. debug=True는 디버그 모드를 활성화합니다.

6.2.2 웹 애플리케이션 서버 실행

Flask는 간단한 웹 애플리케이션 개발을 위한 훌륭한 도구이며, 내장 개발 서버를 사용하면 빠르게 시작할 수 있습니다. 그러나 생산 환경에서는 내장 서버의 성능과 보안상의 한계로 인해 uWSGI 또는 Gunicorn 같은 고성능 WSGI (Web Server Gateway Interface) 서버를 사용해야 합니다.

WSGI 서버를 적용하면 안정적이고 확장 가능한 웹 애플리케이션을 운영할 수 있습니다.

> **앱 개발 프레임워크 내장형 앱 애플리케이션 서버의 한계**
>
> - **상업용 서비스 환경에 부적합**: Flask의 내장 서버는 단일 스레드로 작동하며, 동시성 처리가 매우 제한적입니다. 고성능이 요구되는 생산 환경에서는 적합하지 않습니다.
> - **보안 기능 부족**: 내장 서버는 보안 기능이 제한적이며, 외부 공격에 취약할 수 있습니다.
> - **확장성 부족**: 대규모 트래픽을 처리할 수 없으므로, 확장성이 제한됩니다.

Flask에는 개발을 쉽게 할 수 있도록 기본적으로 제공되는 내장 개발 서버가 있습니다. WSGI 서버 운용을 하려면 추가로 많은 부분들을 학습해야 합니다. 또한, 윈도우 시스템에서는 잘 작동되지 않기 때문에 우리는 Flask에 내장된 서버를 이용하여 실습을 진행할 것입니다.

Flask에 내장된 웹 애플리케이션 서버를 이용해 애플리케이션을 실행하기 위해 터미널에서 다음 명령을 입력합니다.

```
python app.py
```

위 명령어가 실행되면 플라스크 웹 서버가 시작되고, 브라우저에서 http://127.0.0.1:5000/으로 접속하면 "Hello, World!" 메시지를 볼 수 있습니다.

6.2.3 라우팅 추가

다음은 Flask를 사용하여 간단한 "Hello, World!" 웹 서버에 개인 소개 라우팅 `/about_me`를 추가하는 방법입니다.

기존 `app.py` 파일에 다음 내용을 추가합니다.

```
@app.route('/about_me')
def about_me():
    return "안녕하세요. \
저는 웹 개발자입니다. \
Flask를 사용하여 웹 애플리케이션을 개발하고 있습니다."
```

이 코드를 통해 /about_me 경로에 접속하면 간단한 개인 소개를 확인할 수 있습니다.

업데이트 된 app.py 파일은 다음과 같습니다.

```
from flask import Flask

app = Flask(__name__)

@app.route('/')
def home():
    return "Hello, World!"

@app.route('/about_me')
def about_me():
    return "안녕하세요. 저는 웹 개발자입니다. Flask를 사용하여 웹 애플리케이션을 개발하고
    있습니다."

if __name__ == "__main__":
    app.run(debug=True)
```

원한다면 @app.route(/route) 데코레이터를 이용해 다양한 경로를 자유롭게 추가할 수 있습니다. 여러분도 여러가지 경로를 추가하는 실습을 진행해 보기 바랍니다.

6.3 MTV 모델 적용

패턴은 애플리케이션의 구조를 명확하게 나누어 관리와 확장을 용이하게 합니다. Flask는 "Model-Template-View (MTV)" 패턴을 사용하는 경량 웹 프레임워크입니다. 또 다른 파이썬 앱 개발 프레임워크인 Django는 "Model-View-Template (MVT)" 패턴을 사용합니다. Java를 사용하는 스프링부트의 경우 "Model-View-Controller (MVC)" 패턴을 사용합니다. 웹 애플리

케이션에 따라 각자 개발 패턴을 가지고 있습니다. 프레임워크 개발 패턴은 다양하지만 내용은 거의 비슷합니다.

Flask MTV 패턴의 각 구성 요소에 대해 알아보겠습니다.

6.3.1 모델 (Model)

모델은 데이터베이스와 상호작용하는 부분으로, 데이터베이스의 구조와 데이터를 정의합니다. Flask에서는 `SQLAlchemy`를 사용하여 모델을 정의 할 수 있습니다.

> **SQLAlchemy 간단 소개**
>
> SQLAlchemy는 Python 언어용 SQL 도구이자 Object-Relational Mapping(`ORM`) 라이브러리입니다. SQLAlchemy는 관계형 데이터베이스 와의 상호작용을 단순화하고, 데이터베이스 작업을 더 효율적이고 직관적으로 만들기 위해 설계되었습니다.
>
> 2005년 마이클 베이어(Michael Bayer)에 의해 처음 개발된 이래, SQLAlchemy는 Python 커뮤니티에서 널리 사용되고 있습니다.
>
> 자세한 내용은 SQLAlchemy 공식 문서를 참고하기 바랍니다.

예제: SQLAlchemy로 모델 정의

먼저 SQLAlchemy를 설치합니다.

```
pip install Flask-SQLAlchemy
```

그 다음 파이썬을 이용해 모델을 정의합니다.

```
from flask import Flask
from flask_sqlalchemy import SQLAlchemy

app = Flask(__name__)
app.config['SQLALCHEMY_DATABASE_URI'] = 'sqlite:///site.db'
db = SQLAlchemy(app)
```

```
class User(db.Model):
    id = db.Column(db.Integer, primary_key=True)
    username = db.Column(db.String(80), unique=True, nullable=False)
    email = db.Column(db.String(120), unique=True, nullable=False)

    def __repr__(self):
        return f'<User {self.username}>'

if __name__ == "__main__":
    app.run(debug=True)
```

6.3.2 템플릿 (Template)

템플릿은 사용자에게 보여줄 HTML을 생성(렌더링)하는 역할을 수행합니다. Flask는 Jinja2 템플릿 엔진을 사용하여 템플릿을 처리합니다.

Flask 템플릿 파일은 일반적으로 templates 디렉터리에 저장됩니다. 개발자가 원한다면 다른 폴더 이름을 사용할 수 있지만, 이 경우에는 별도 설정(configuration)을 잡아줘야 합니다.

> **Jinja2 간단 소개**
>
> Jinja2는 Python용 템플릿 엔진으로, 웹 애플리케이션에서 HTML, XML 등의 텍스트 기반 파일을 동적으로 생성할 수 있게 해줍니다.
>
> Jinja2는 Django 템플릿 엔진에서 영감을 받아 Armin Ronacher에 의해 개발되었으며, Flask와 같은 많은 Python 웹 프레임워크에서 기본 템플릿 엔진으로 사용되고 있습니다.
>
> 자세한 내용은 Jinja2 공식 문서를 참고하기 바랍니다.

예제: Jinja2 템플릿 사용

프로젝트 디렉터리 아래에 templates 폴더를 만들고 그 안에 index.html 파일을 생성합니다.

```html
<!-- templates/index.html -->
<!DOCTYPE html>
<html lang="en">
<head>
    <meta charset="UTF-8">
    <title>Home</title>
</head>
<body>
    <h1>Hello, {{ name }}!</h1>
</body>
</html>
```

6.3.3 뷰 (View)

뷰는 애플리케이션의 로직을 처리하고, 클라이언트의 요청에 대한 응답을 생성하는 부분입니다. Flask에서는 뷰 함수가 URL 경로와 연결되어 클라이언트의 요청을 처리합니다.

예제: 뷰 함수 정의

```python
from flask import render_template

@app.route('/')
def home():
    return render_template('index.html', name='World')

if __name__ == "__main__":
    app.run(debug=True)
```

MTV 예제 전체 코드

■ 코드 요약

- 모델(Model): 데이터베이스 구조와 데이터를 정의하는 부분입니다. Flask에서는 SQLAlchemy를 사용하여 모델을 정의합니다.
- 템플릿(Template): 사용자에게 표시되는 HTML을 생성하는 부분입니다. Flask는 Jinja2 템플릿 엔진을 사용하여 템플릿을 처리합니다.

- 뷰(View): 애플리케이션 로직을 처리하고 클라이언트의 요청에 대한 응답을 생성하는 부분입니다. Flask에서는 뷰 함수가 URL 경로와 연결되어 클라이언트의 요청을 처리합니다.

```
from flask import Flask, render_template
from flask_sqlalchemy import SQLAlchemy

# 플라스크 객체 생성
app = Flask(__name__)

# 데이터베이스 파일 경로 설정
BASE_DIR = os.path.abspath(os.path.dirname(__file__)) # 현재 경로 추출
DB_PATH = os.path.join(BASE_DIR, 'hello.db')
app.config['SQLALCHEMY_DATABASE_URI'] = f'sqlite:///{DB_PATH}'
app.config['SQLALCHEMY_TRACK_MODIFICATIONS'] = False

# 데이터베이스 객체 생성
db = SQLAlchemy(app)

class User(db.Model):
    id = db.Column(db.Integer, primary_key=True)
    username = db.Column(db.String(80), unique=True, nullable=False)
    email = db.Column(db.String(120), unique=True, nullable=False)

    def __repr__(self):
        return f'<User {self.username}>'

@app.route('/')
def home():
    return render_template('index.html', name='World')

if __name__ == "__main__":
    with app.app_context():
        db.create_all()
        app.run(debug=True)
```

6.3.4 실전 예제

사용자가 이름과 이메일을 입력하면 User 클래스를 이용해 데이터를 데이터베이스에 저장하고, 저장된 결과를 보여주는 웹 애플리케이션을 구현해 보겠습니다.

이를 위해서는 HTML 폼을 생성하고, 데이터를 처리하는 뷰 함수를 작성해야 합니다.

6.3.4.1 가상 환경 설정 및 Flask 설치

가상 환경을 설정하고 Flask와 SQLAlchemy를 설치합니다:

```
python -m venv myenv
source myenv/bin/activate # macOS 및 Linux
myenv\Scripts\activate  # Windows
pip install Flask Flask-SQLAlchemy
```

6.3.4.2 Flask 애플리케이션 설정

다음은 Flask 애플리케이션의 전체 코드입니다.

데이터베이스 모델, HTML 폼, 데이터 처리 및 결과 표시를 포함하여 코딩합니다.

■ 프로젝트폴더/templates/index.html

```
<!DOCTYPE html>
<html lang="en">
<head>
   <meta charset="UTF-8">
   <title>User Form</title>
</head>
<body>
   <h1>Enter your details</h1>
   <form action="{{ url_for('submit') }}" method="POST">
      <label for="username">Name:</label><br>
      <input type="text" id="username" name="username"><br>
      <label for="email">Email:</label><br>
      <input type="email" id="email" name="email"><br><br>
      <input type="submit" value="Submit">
   </form>
</body>
</html>
```

■ 프로젝트폴더/app.py

```
'''프로젝트폴더명/app.py'''

import os
from flask import Flask, render_template, request, redirect, url_for
from flask_sqlalchemy import SQLAlchemy

# 플라스크 객체 생성
app = Flask(__name__)

# 데이터베이스 파일 경로 설정
BASE_DIR = os.path.abspath(os.path.dirname(__file__)) # 현재 경로 추출
DB_PATH = os.path.join(BASE_DIR, 'hello.db')
app.config['SQLALCHEMY_DATABASE_URI'] = f'sqlite:///{DB_PATH}'
app.config['SQLALCHEMY_TRACK_MODIFICATIONS'] = False

# 데이터베이스 객체 생성
db = SQLAlchemy(app)

class User(db.Model):
    id = db.Column(db.Integer, primary_key=True)
    username = db.Column(db.String(80), unique=True, nullable=False)
    email = db.Column(db.String(120), unique=True, nullable=False)

    def __repr__(self):
        return f'<User {self.username}>'

@app.route('/')
def index():
    return render_template('index.html')

@app.route('/submit', methods=['POST'])
def submit():
    username = request.form['username']
    email = request.form['email']

    if username and email:
        new_user = User(username=username, email=email)
        db.session.add(new_user)
        db.session.commit()
        return redirect(url_for('result', username=username, email=email))
    return 'Please enter both username and email'
```

```
@app.route('/result')
def result():
    username = request.args.get('username')
    email = request.args.get('email')
    return f'User {username} with email {email} has been added to the database.'

if __name__ == "__main__":
    with app.app_context():
        db.create_all()  # 현재 위치에 "hello.db" 파일 생성
        app.run(debug=True) # 디버그 모드로 웹 애플리케이션 실행
```

6.3.4.3 서버 실행

```
python app.py
```

위 명령어를 실행하면 app.py와 같은 폴더에 hello.db라는 SQLite 데이터베이스 파일이 생성됩니다.

SQLite 데이터베이스 파일은 VS Code 확장팩(Extension Pack) 중에서 SQLite3 Editor를 설치하면 편리하게 DB 내용을 확인하고 수정할 수 있습니다. SQLite3 Editor는 아래 그림을 참고하세요.

Fig. 6.3 SQLite3 Editor 확장팩

브라우저에서 http://127.0.0.1:5000/로 접속하여 폼을 작성하고 제출합니다.

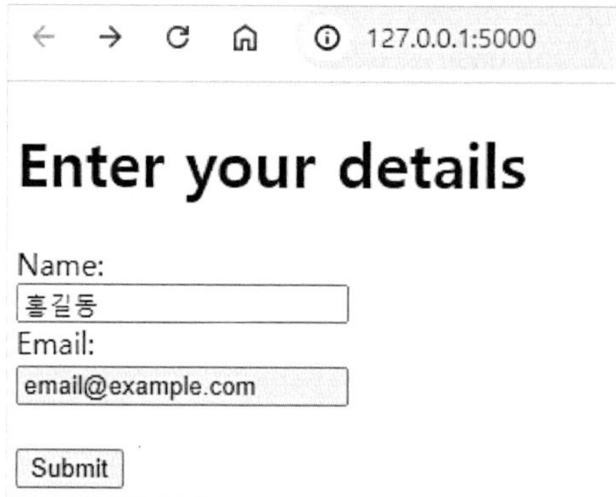

Fig. 6.4 메인 페이지에서 Name, Email 입력 후 `Submit`(제출) 버튼 클릭

서버에서 `hello.db` 파일을 열어서 입력한 정보가 데이터베이스에 반영되었는지 확인해 봅니다.

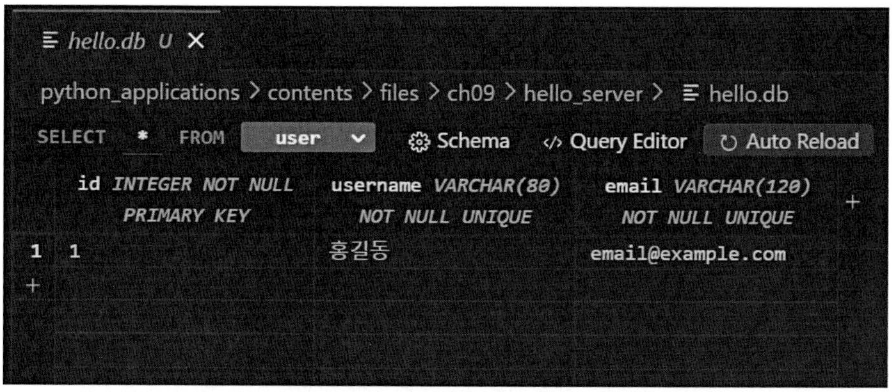

Fig. 6.5 데이터베이스에 자신이 입력한 Name, Email 정보 반영

사용자가 입력한 이름과 이메일이 데이터베이스에 저장되고, 저장된 결과를 확인할 수 있습니다. 폴더 구조가 보존된 파일들은 hellow 서버 소스코드 클릭하여 확인하기 바랍니다.

6.4 도전 프로젝트

이전에 만든 hello world 서버를 확장하여 사용자로부터 주소(address)와 학교(university) 정보를 추가적으로 받아서 데이터베이스에 저장하는 시스템을 만들어 봅니다.

우선 정답 없이 구현할 수 있도록 노력해보세요^^

고민하는 과정에서 더 많은 것을 배울 수 있습니다.

웹 애플리케이션 업그레이드를 위해 수정해야 할 내용은 3가지입니다.

Model: 추가 정보를 받을 수 있도록 Model 클래스 수정

■ 힌트

```
class User(db.Model):
id = db.Column(db.Integer, primary_key=True)
username = db.Column(db.String(80), unique=True, nullable=False)
email = db.Column(db.String(120), unique=True, nullable=False)
address = db.Column(db.String(200), nullable=False)
university = db.Column(db.String(200), nullable=False)

def _repr_ (self):
   return f'<User {self.username}>'
```

Templates: 추가 정보를 입력할 수 있도록 html 업그레이드

■ 힌트

```
<form action="{{ url_for('submit') }}" method="POST">
   <label for="username">Name:</label><br>
   <input type="text" id="username" name="username"><br>
   <label for="email">Email:</label><br>
   <input type="email" id="email" name="email"><br>
   <label for="address">Address:</label><br>
   <input type="text" id="address" name="address"><br>
   <label for="university">University:</label><br>
   <input type="text" id="university" name="university"><br><br>
   <input type="submit" value="Submit">
</form>
```

View: 추가된 정보를 데이터베이스에 반영할 수 있도록 업그레이드

■ 힌트

```
@app.route('/submit', methods=['POST'])
def submit():
    username = request.form['username']
    email = request.form['email']
    address = request.form['address']
    university = request.form['university']

    if username and email and address and university:
        new_user = User(username=username, email=email, address=address,
        university=university) db.session.add(new_user)
        db.session.commit()
        return redirect(url_for('result', username=username, email=email,
        address=address, university=university))
    return 'Please enter all required fields'

@app.route('/result')
def result():
    username = request.args.get('username')
    email = request.args.get('email')
    address = request.args.get('address')
    university = request.args.get('university')
    return f'User {username} with email {email}, address {address}, and university
    {university} has been added to the database.'
```

업그레이드 내용을 포함한 전체 코드는 여기를 참고하세요.

제 7 장

정답(Solutions)

각 장에서 제시한 도전 프로젝트 솔루션입니다.

> **Note**
>
> 솔루션에서 제공되는 코드가 반드시 100% 확실한 정답은 아닙니다!
>
> 여러분들의 창의적인 아이디어가 반영되어 더 효율적이고 간결한 코드가 있다면 그것이 바로 더 좋은 솔루션입니다!!!
>
> 참고용으로 제공되는 코드임을 인지해 주시기 바랍니다.

1장 솔루션

데이터 분석 프로젝트 참고코드입니다.

```
import pandas as pd
import matplotlib.pyplot as plt

# 1. 데이터 로드
employees =pd.read_csv('employees.csv')
sales =pd.read_csv('sales.tsv',sep='\t')

# 2. 데이터 탐색
print(employees.head())
print(sales.head())
print(employees.info())
print(sales.info())

# 3. 데이터 병합
merged_data =pd.merge(employees,sales,on='EmployeeID')
print(merged_data.head())

# 4. 데이터 분석
avg_age_by_department =merged_data.groupby('Department')['Age'].mean()
print(avg_age_by_department)

avg_sales_by_jobtitle =merged_data.groupby('JobTitle')['SalesAmount'].mean()
print(avg_sales_by_jobtitle)
```

```
total_sales_by_country =merged_data.groupby('Country')['SalesAmount'].sum()
print(total_sales_by_country)

# 5. 데이터 시각화
# 월별 총 판매 금액 시각화
monthly_sales =merged_data.groupby('Month')['SalesAmount'].sum()
monthly_sales.plot(kind='line')
plt.xlabel('Month')
plt.ylabel('Total Sales')
plt.title('Monthly Total Sales')
plt.show()

# 부서별 평균 연령 시각화
avg_age_by_department.plot(kind='bar')
plt.xlabel('Department')
plt.ylabel('Average Age')
plt.title('Average Age by Department')
plt.show()

# 국가별 총 판매 금액 시각화
total_sales_by_country.plot(kind='pie',autopct='%1.1f%%')
plt.title('Total Sales by Country')
plt.show()
```

2장 솔루션

2개의 실시간 플롯을 구현한 참고 코드입니다.

```
import matplotlib.pyplot as plt
import matplotlib.animation as animation
import numpy as np
import random

class RealTimePlot:
    def __init__(self,data_gen_func1,data_gen_func2,interval=10):
        self.data_gen_func1 =data_gen_func1
        self.data_gen_func2 =data_gen_func2
        self.interval =interval
```

```
        self.fig,(self.ax1,self.ax2)=plt.subplots(2,1)
        self.line1,=self.ax1.plot([],[],lw=2)
        self.line2,=self.ax2.plot([],[],lw=2)

        self.xdata1,self.ydata1 =[],[]
        self.xdata2,self.ydata2 =[],[]

        self.ani1 =animation.FuncAnimation(self.fig,self.update1,self.data_gen_func1,blit
                =False,interval=self.interval,init_func=self.init1)
        self.ani2 =animation.FuncAnimation(self.fig,self.update2,self.data_gen_func2,blit
                =False,interval=self.interval,init_func=self.init2)

    def init1(self):
        self.ax1.set_ylim(-1.1,1.1)
        self.ax1.set_xlim(0,10)
        self.xdata1.clear()
        self.ydata1.clear()
        self.line1.set_data(self.xdata1,self.ydata1)
        return self.line1,

    def init2(self):
        self.ax2.set_ylim(0,30)
        self.ax2.set_xlim(0,10)
        self.xdata2.clear()
        self.ydata2.clear()
        self.line2.set_data(self.xdata2,self.ydata2)
        return self.line2,

    def update1(self,data):
        t,y =data
        self.xdata1.append(t)
        self.ydata1.append(y)
        xmin,xmax =self.ax1.get_xlim()

        if t >=xmax:
            self.ax1.set_xlim(xmin,2 *xmax)
            self.ax1.figure.canvas.draw()
        self.line1.set_data(self.xdata1,self.ydata1)
        return self.line1,

    def update2(self,data):
        t,y =data
        self.xdata2.append(t)
        self.ydata2.append(y)
        xmin,xmax =self.ax2.get_xlim()
```

```
        if t >=xmax:
            self.ax2.set_xlim(xmin,2 *xmax)
            self.ax2.figure.canvas.draw()
        self.line2.set_data(self.xdata2,self.ydata2)
        return self.line2,

    def show(self):
        plt.show()

# 데이터 생성 함수 1: 감쇠 사인 곡선
def data_gen1():
    t =data_gen1.t
    cnt =0
    while cnt <1000:
        cnt +=1
        t +=0.1
        yield t,np.sin(2 *np.pi *t)*np.exp(-t /10.)

data_gen1.t =0

# 데이터 생성 함수 2: 랜덤 숫자
def data_gen2():
    t =data_gen2.t
    cnt =0
    while cnt <1000:
        cnt +=1
        t +=0.1
        yield t,random.uniform(0,30)

data_gen2.t =0

# RealTimePlot 클래스 인스턴스 생성 및 플롯 표시
rt_plot =RealTimePlot(data_gen1,data_gen2)
rt_plot.show()
```

3장 솔루션

아래 코드는 메모장 앱에 찾기 기능을 추가한 참고 코드입니다.

```
import tkinter as tk
from tkinter import filedialog,messagebox

def new_file():
    text_area.delete(1.0,tk.END)

def open_file():
    file_path =filedialog.askopenfilename()
    if file_path:
        with open(file_path,'r')as file:
            text_area.delete(1.0,tk.END)
            text_area.insert(tk.END,file.read())

def save_file():
    file_path  =filedialog.asksaveasfilename(defaultextension=".txt",filetypes=[("텍스트
파일","*.txt"),("모든 파일","*.*")])
    if file_path:
        with open(file_path,'w')as file:
            file.write(text_area.get(1.0,tk.END))
        messagebox.showinfo("저장 완료",f"파일이 저장되었습니다: {file_path}")

def find_text():
    find_window =tk.Toplevel(window)
    find_window.title("찾기")

    tk.Label(find_window,text="찾을 내용:").grid(row=0,column=0,padx=5,pady=5)
    find_entry =tk.Entry(find_window,width=30)
    find_entry.grid(row=0,column=1,padx=5,pady=5)

    def find():
        text_area.tag_remove('found','1.0',tk.END)
        find_word =find_entry.get()
        if find_word:
            start_pos ='1.0'
            while True:
                # 시작 위치부터 문서의 마지막까지 스캔
                # find_word와 동일한 문자열을 찾았다면 찾은 문자열의 첫글자 인덱스를 리턴
                # 찾지 못했다면 빈 문자열 리턴
```

```
            start_pos =text_area.search(find_word,start_pos,stopindex=tk.END)
            if not start_pos:
                break
            # 종료 인덱스 업데이트: 출발 인덱스 + 찾은 문자열의 글자수
            end_pos =f"{start_pos}+{len(find_word)}c"
            # 찾은 문자열의 시작 인덱스와 끝 인덱스에 'found'라고 태그 붙여주기
            text_area.tag_add('found',start_pos,end_pos)
            # 찾은 문자열의 마지막 인덱스를 시작점으로 삼아 다시 탐색 시작
            start_pos =end_pos
        # 'found'라고 태그된 영역의 배경색을 'yellow'로 변경
        text_area.tag_config('found',background='yellow')

    tk.Button(find_window,text="찾기
",command=find).grid(row=1,column=0,columnspan=2,pady=5)

# 메인 윈도우 생성
window =tk.Tk()
window.title("메모장")

# 메뉴 추가
menu =tk.Menu(window)
window.config(menu=menu)

file_menu =tk.Menu(menu,tearoff=0)
menu.add_cascade(label="파일",menu=file_menu)
file_menu.add_command(label="새 파일",command=new_file)
file_menu.add_command(label="열기",command=open_file)
file_menu.add_command(label="저장",command=save_file)
file_menu.add_separator()
file_menu.add_command(label="종료",command=window.quit)

edit_menu =tk.Menu(menu,tearoff=0)
menu.add_cascade(label="편집",menu=edit_menu)
edit_menu.add_command(label="찾기",command=find_text)

# 텍스트 영역 추가
text_area =tk.Text(window,wrap=tk.WORD)
text_area.pack(expand=1,fill=tk.BOTH)

# 상태 표시줄 추가
status =tk.Label(window,text="상태: 대기 중",bd=1,relief=tk.SUNKEN,anchor=tk.W)
status.pack(side=tk.BOTTOM,fill=tk.X)

# 메인 루프 실행
window.mainloop()
```

4장 솔루션

아래 코드는 슈팅 게임에 현재점수 표시, 플레이어가 밖으로 나가지 않기, 게임 레벨 기능을 추가한 참고 코드입니다.

```
import tkinter as tk
import random
from tkinter import messagebox

class ShootingGame:
    def __init__(self):
        # 게임을 표시할 윈도우 생성 / 제목 표시
        self.window =tk.Tk()
        self.window.title("Shooting Game")

        # 게임이 실행되는 영역(배경화면) 생성
        self.width =400
        self.height =600
        self.canvas =tk.Canvas(
            master=self.window,  # 부모 객체 이름
            width=self.width,    # 캔버스 가로 크기(픽셀)
            height=self.height,  # 캔버스 세로 크기(픽셀)
            bg="black"           # 배경색
        )
        self.canvas.pack()

        # 플레이어 생성
        self.player =self.canvas.create_rectangle(180,580,220,600,fill="blue")
        self.bullets =[]# 총알을 담아 놓을 리스트
        self.enemies =[]# 적을 담아 놓을 리스트
        self.score =0    # 적을 맞췄을 때 점수
        self.failures =0   # 적을 놓친 횟수
        self.collisions =0 # 적과 충돌한 횟수
        self.running =False # 상태 관리 변수

        self.level =1           # 시작 레벨
        self.enemy_speed =5     # 적 속도

        # 키보드에서 화살표 키를 눌렀을 때 작동할 함수 등록
        self.window.bind("<Left>",self.move_left)
        self.window.bind("<Right>",self.move_right)
        self.window.bind("<space>",self.shoot)
```

```
self.start_button =tk.Button(
    self.window,
    text="Start",
    command=self.start_game
)
self.start_button.pack(side=tk.LEFT)

self.pause_button =tk.Button(
    self.window,
    text="Pause",
    command=self.pause_game
)
self.pause_button.pack(side=tk.LEFT)

self.resume_button =tk.Button(
    self.window,
    text="Resume",
    command=self.resume_game)
self.resume_button.pack(side=tk.LEFT)

self.exit_button =tk.Button(
    self.window,
    text="Exit",
    command=self.exit_game
)
self.exit_button.pack(side=tk.LEFT)# 왼쪽 공간에 이어 붙이기

# 실패 횟수를 표시할 라벨
self.failure_label =tk.Label(
    self.window,text="Failures: 0",fg="white",bg="black"
)
self.failure_label.pack(side=tk.RIGHT,padx=10)

# 충돌 횟수를 표시할 라벨
self.collision_label =tk.Label(
    self.window,text="Collisions: 0",fg="white",bg="black"
)
self.collision_label.pack(side=tk.RIGHT)

# 현재 점수 표시 라벨
self.score_label =tk.Label(
    self.window,text="Score: 0",fg="white",bg="black"
)
self.score_label.pack(side=tk.RIGHT,padx=10)
```

```
def exit_game(self):
    self.running =False
    self.window.destroy()

def start_game(self):
    if not self.running:
        self.running =True
        self.update_game()

def pause_game(self):
    self.running =False

def resume_game(self):
    if not self.running:
        self.running =True
        self.update_game()

def move_left(self,event,distance:int =-20):
    '''왼쪽으로 distance 값 만큼 이동
        - event: self.window.bind("<Left>")에 등록된 왼쪽 방향키를 누른 경우
        - distance: 이동할 거리: 음(-)의 방향으로 20만큼
    '''
    if self.running:
        player_coords =self.canvas.coords(self.player)
        if player_coords[0]>0:
            self.canvas.move(self.player,-20,0)

def move_right(self,event,distance:int =20):
    '''오른쪽쪽으로 distance 값 만큼 이동
        - event: self.window.bind("<Right>")에 등록된 오른쪽 방향키를 누른 경우
        - distance: 이동할 거리: 양(+)의 방향으로 20만큼
    '''
    if self.running:
        player_coords =self.canvas.coords(self.player)
        if player_coords[2]<self.width:
            self.canvas.move(self.player,20,0)

def shoot(self,event,color='yellow'):
    '''총알 발사 함수'''
    if self.running:
        # 플레이어 현재 좌표 추출
        x1,y1,x2,y2 =self.canvas.coords(self.player)
        # 추출된 좌표를 참고하여 총알 생성
        bullet =self.canvas.create_rectangle(x1+15,y1-10,x2-15,y1,fill=color)
        # __init__ 함수에서 생성한 총알 리스트에 등록
        self.bullets.append(bullet)
```

```python
def update_game(self,interval:int =50):
    '''게임 상황을 업데이트'''
    if self.running:
        self.move_bullets()# 총알 이동
        self.create_enemy()# 적 생성
        self.move_enemies()# 적 이동
        self.check_collisions()# 충돌 확인
        self.check_game_over()# 게임 종료 상황 확인
        self.update_labels()  # 라벨 업데이트
        self.update_level()# 게임 레벨 업데이트
        # 일정 시간이 지나면 업데이트를 반복적으로 수행
        self.window.after(
            ms=interval,# 시간 간격 설정: 50 밀리초(0.05초) 이후에 실행
            func=self.update_game # ms 이후에 실행할 함수 이름
        )

def move_bullets(self):
    '''총알 이동'''
    for bullet in self.bullets:
        # 현재 등록된 총알이 있다면 이동
        self.canvas.move(bullet,0,-10)# x축으로 0 픽셀, y축으로 -10 픽셀 이동
        # 총알이 이동하다가 화면 밖으로 나갔는지 확인
        if self.canvas.coords(bullet)[1]<0:# 만약 총알 y값이 0보다 작다면
            self.canvas.delete(bullet)  # 화면 영역에서 객체 삭제
            self.bullets.remove(bullet)# 총알 리스트에서 객체 삭제

def create_enemy(self,probability=0.05,size=20,color='red'):
    '''적 객체 생성
    - Args:
        - probability (float): 매 업데이트 시간에 적이 생성될 확률, 기본값 0.05 (5%)
        - size (int): 적의 크기, 기본값: 가로 20, 세로 20 픽셀
        - color (str): 적(enemy) 색깔
    '''
    rand_prob =random.random()
    if  rand_prob <probability:
        x_position =random.randint(0,self.width -size)
        # 객체의 좌측 상단 좌표: x0, y0
        x0,y0 =x_position,0
        # 객체의 우측 하단 좌표: x1, y1
        x1,y1 =x_position+size,size
        enemy =self.canvas.create_rectangle(x0,y0,x1,y1,fill=color)
        self.enemies.append(enemy)
```

```
    # def move_enemies(self, distance=5):
    def move_enemies(self):
        '''적 객체 이동
        - Args:
            - distance: 한번에 5픽셀 이동(적 이동 속도)
        '''
        for enemy in self.enemies:
            self.canvas.move(
                enemy,# 캔버스 내에서 이동할 객체 이름
                0,# 이동할 객체의 좌측 상단 x좌표로부터 이동할 값(픽셀)
                self.enemy_speed,# 이동할 객체의 좌측 상단 y좌표로부터 이동할 값(픽셀)
            )
            # 적이 캔버스 밖으로 나갔는지 확인
            # canvas.coords(객체이름)
            #   -> x0, y0, x1, y1
            # 객체 좌측상단: (x0, x1), 우측하단: (x1, y1)
            if self.canvas.coords(enemy)[3]>600:# y1 좌표값 확인
                self.canvas.delete(enemy)# 캔버스에서 객체 삭제
                self.enemies.remove(enemy)# 리스트에서 객체 삭제
                self.failures +=1 # 놓친 횟수 증가

    def check_collisions(self):
        '''충돌 확인'''
        # 총알과 적이 충돌했을 경우 처리
        for bullet in self.bullets:
            bullet_coords =self.canvas.coords(bullet)
            for enemy in self.enemies:
                enemy_coords =self.canvas.coords(enemy)
                if self.overlap(bullet_coords,enemy_coords):
                    self.canvas.delete(bullet)  # 캔버스에서 총알 삭제
                    self.canvas.delete(enemy)   # 캔버스에서 적 삭제
                    self.bullets.remove(bullet)# 총알 리스트에서 해당 총알 삭제
                    self.enemies.remove(enemy)  # 적 리스트에서 해당 적 삭제
                    self.score +=1 # 점수 업데이트(맞추면 1점 추가)
                    break
        # 플레이어와 적이 충돌했을 경우 처리
        player_coords =self.canvas.coords(self.player)
        for enemy in self.enemies:
            if self.overlap(player_coords,self.canvas.coords(enemy)):
                self.collisions +=1
                self.canvas.delete(enemy)
                self.enemies.remove(enemy)
                break
```

```
def overlap(self,coords1:tuple,coords2:tuple):
    '''2개 객체 좌표를 이용해 중첩 여부 확인
    - Args:
        - coords1 (tuple): x0, y0, x1, y1
            - 첫번째(총알) 객체의 좌측상단, 우측하단 좌표
        - coords1 (tuple): x0, y0, x1, y1
            - 두번째(적) 객체의 좌측상단, 우측하단 좌표
    '''
    if (coords1[0]<coords2[2]and
        coords1[2]>coords2[0]and
        coords1[1]<coords2[3]and
        coords1[3]>coords2[1]):
        return True
    return False

def check_game_over(self):
    if self.failures >=10:
        self.running =False
        messagebox.showinfo(
            title="Game Over",
            message=f"Game Over! Your score is {self.score}. You failed to block 10 
            enemies."
        )
        self.reset_game()
    elif self.collisions >=3:
        self.running =False
        messagebox.showinfo(
            title="Game Over",
            message=f"Game Over! Your score is {self.score}. You collided with enemies 3 
            times."
        )
        self.reset_game()

def reset_game(self,offset=20):
    self.score =0
    self.failures =0
    self.collisions =0
    self.level =1
    self.enemy_speed =5
    for bullet in self.bullets:
        self.canvas.delete(bullet)
    for enemy in self.enemies:
        self.canvas.delete(enemy)
    self.bullets.clear()
    self.enemies.clear()
```

```
        self.canvas.coords(
            self.player,
            self.width/2 -offset,self.height -20,  # 플레이어 좌측상단 좌표
            self.width/2 +offset,self.height       # 플레이어 우측하단 좌표
        )

    def update_labels(self):
        self.failure_label.config(
            text=f"Failures: {self.failures}"
        )
        self.collision_label.config(
            text=f"Collisions: {self.collisions}"
        )
        self.score_label.config(
            text=f"Score: {self.score}"
        )

    def update_level(self):
        if self.score >=30:
            self.level =3
            self.enemy_speed =15
        elif self.score >=15:
            self.level =2
            self.enemy_speed =10
        else:
            self.level =1
            self.enemy_speed =5

if __name__== "__main__":
    game =ShootingGame()
    game.window.mainloop()
```

5장 솔루션

날씨 정보 API를 이용한 Realtime Plot 참고 코드입니다.

아래 코드는 OpenWeatherMap API를 이용한 실시간 Plot 참고 코드입니다.

```
from pprint import pprint
import requests
import matplotlib.pyplot as plt
import matplotlib.animation as animation
import datetime as dt

class RealTimeWeatherPlot:
    def __init__(self,api_key,lat,lon,interval=60_000):
        self.api_key =api_key
        self.interval =interval # 단위: 밀리초, 기본값: 60초
        self.api_url =f'https://api.openweathermap.org/data/3.0/onecall?lat={lat}&lon
                    = {lon}&units=metric&appid={API_KEY}&lang=kr'

        # 그래프 초기 설정
        self.fig,self.ax =plt.subplots()
        self.line,=self.ax.plot([],[],lw=2)
        self.ax.set_title('Real-time Temperature Plot')
        self.ax.set_xlabel('Time')
        self.ax.set_ylabel('Temperature (°C)')
        self.xdata,self.ydata =[],[]

        # 애니메이션 생성
        self.ani =animation.FuncAnimation(self.fig,self.update,init_func=self.init,interval
              =self.interval)

    def get_weather_data(self):
        response =requests.get(self.api_url)
        data =response.json()
        print(data['current']['temp'])# 모니터 확인
        temp =data['current']['temp']
        timestamp =dt.datetime.now().strftime('%H:%M:%S')
        return timestamp,temp

    def init(self):
        self.ax.set_xlim(0,10)
        self.ax.set_ylim(-10,40)
        del self.xdata[:]
```

```
        del self.ydata[:]
        self.line.set_data(self.xdata,self.ydata)
        return self.line,

    def update(self,frame):
        timestamp,temp =self.get_weather_data()
        self.xdata.append(timestamp)
        self.ydata.append(temp)
        if len(self.xdata)>10:
            self.xdata.pop(0)
            self.ydata.pop(0)
        self.ax.set_xlim(self.xdata[0],self.xdata[-1])
        self.line.set_data(self.xdata,self.ydata)
        return self.line,

    def show(self):
        plt.show()


if __name__=='__main__':
    # 'YOUR_API_KEY' 대신 자신의 API 키를 문자열로 입력하세요
    API_KEY ='YOUR_API_KEY'

    # 위치 정보
    #   구글, 네이버, 카카오 맵 등을 이용하여 원하는 위치의
    #   위도/경도 값을 확인합니다.
    lat =36.651656 # 위도
    lon =127.495593 # 경도

    # 객체 생성 및 실행
    rt_weather_plot =RealTimeWeatherPlot(API_KEY,lat,lon)
    rt_weather_plot.show()
```

6장 솔루션

참고 코드입니다.

아래 코드는 helloworld서버에 주소(address) 및 학교(university) 정보를 저장하는 기능을 추가한 참고 코드입니다.

디렉토리 구조

```
my_project/
├── myenv/             # 가상환경 폴더
├── app.py             # 메인 앱 스크립트(파일)
├── hello.db           # Database file
└── /templates         # HTML templates
      └── index.html   #   Base template
```

app.py

```python
import os
from flask import Flask,render_template,request,redirect,url_for
from flask_sqlalchemy import SQLAlchemy

# 플라스크 객체 생성
app =Flask(__name__)

# 데이터베이스 파일 경로 설정
BASE_DIR =os.path.abspath(os.path.dirname(__file__))# 현재 경로 추출
DB_PATH =os.path.join(BASE_DIR,'hello.db')
app.config['SQLALCHEMY_DATABASE_URI']=f'sqlite:///{DB_PATH}'
app.config['SQLALCHEMY_TRACK_MODIFICATIONS']=False

# 데이터베이스 객체 생성
db =SQLAlchemy(app)

class User(db.Model):
    id =db.Column(db.Integer,primary_key=True)
    username =db.Column(db.String(80),unique=True,nullable=False)
    email =db.Column(db.String(120),unique=True,nullable=False)
```

```
    address =db.Column(db.String(200),nullable=False)
    university =db.Column(db.String(200),nullable=False)

    def __repr__(self):
        return f'<User {self.username}>'

@app.route('/')
def index():
    return render_template('index.html')

@app.route('/submit',methods=['POST'])
def submit():
    username =request.form['username']
    email =request.form['email']
    address =request.form['address']
    university =request.form['university']

    if username and email and address and university:
        new_user =User(username=username,email=email,address=address,university=university)
        db.session.add(new_user)
        db.session.commit()
        return redirect(url_for('result',username=username,email=email,address=address,
        university=university))
    return 'Please enter all required fields'

@app.route('/result')
def result():
    username =request.args.get('username')
    email =request.args.get('email')
    address =request.args.get('address')
    university =request.args.get('university')
    return f'User {username} with email {email}, address {address}, and university
    {university} has been added to the database.'

if __name__=="__main__":
    with app.app_context():
        db.create_all()     # 현재 위치에 "hello.db" 파일 생성
        app.run(debug=True)# 디버그 모드로 웹 애플리케이션 실행
```

templates/index.html

```
<!DOCTYPE html>
<html lang="en">
<head>
   <meta charset="UTF-8">
   <title>User Form</title>
</head>
<body>
   <h1>Enter your details</h1>
   <form action="{{ url_for('submit') }}"method="POST">
      <label for="username">Name:</label><br>
      <input type="text"id="username"name="username"><br>
      <label for="email">Email:</label><br>
      <input type="email"id="email"name="email"><br>
      <label for="address">Address:</label><br>
      <input type="text"id="address"name="address"><br>
      <label for="university">University:</label><br>
      <input type="text"id="university"name="university"><br><br>
      <input type="submit"value="Submit">
   </form>
</body>
</html>
```